YA ERES FELICIDAD

Esteve Mach

YA ERES FELICIDAD

47 REFLEXIONES PARA DESCUBRIR ESTA MAGNÍFICA REALIDAD

Ediciones Luciérnaga

Diseño de la cubierta: Planeta Arte & Diseño
Realización: Planeta

Primera edición: enero de 2026

Ediciones Luciérnaga
Av. Diagonal, 662-664
08034 Barcelona
www.planetadelibros.com

ISBN: 979-13-87667-40-5
Depósito legal: B. 19.925-2025

Impreso en España – *Printed in Spain*

PEFC Certificado
Este libro procede de bosques gestionados de forma sostenible
PEFC
PEFC/14-38-00305
www.pefc.es

Sumario

Prólogo

Cuando Esteve Mach me solicitó un prólogo para su libro *Ya eres Felicidad*, me sentí honrado y satisfecho, pero consciente a la vez, de la responsabilidad que suponía.

El contenido manifiesta que su autor, en lugar de proponer un estudio descriptivo o de revisión del pensamiento de diversos autores sobre las vivencias más importantes del ser humano, expone su criterio y sus puntos de vista a partir de su propia experiencia. Combina una visión propia del método científico de ontología materialista con un enfoque de ideología trascendente, que nos conduce a la realidad estructural del ser humano: cuerpo, mente y espíritu o supraconciencia, nuestra auténtica realidad existencial, holística con la Conciencia o Inteligencia Primera.

El libro está estructurado según la metodología de un diccionario y el estudio de las diferentes vivencias está orientado, principalmente, a potenciar la comprensión dinámica y vital que nos conduzca a la Felicidad.

Es aconsejable no realizar una lectura rápida y continua del diccionario. Tanto por su contenido como para una mejor comprensión, es mejor tenerlo en la mesita de noche y leerlo a pequeñas dosis, por aspectos puntuales, ya que se precisa un razonamiento profundo para incorporar todo lo que nos ofrece.

El autor tiene un conocimiento muy claro de nuestra falsa identidad materialista, del ego y de nuestra auténtica trascendencia. De la supraconciencia, que nos hace únicos e irrepetibles y que, al ser holística con la Conciencia Primera, incorpora las propiedades de omnipresencia o eternidad, omnisciencia y omnipotencia.

Manuel Sans Segarra
Doctor en Medicina y Cirugía General y Digestiva
Profesor de Cirugía de la Universidad de Barcelona

Presentación

Todos queremos ser felices, nos esforzamos por conseguir la Felicidad, y el «diccionario» de Esteve Mach nos muestra cómo conseguirlo.

El libro respira sencillez, espontaneidad y, lo más importante, autenticidad y experiencia; las dos cosas juntas. Solo si se ha vivido, sentido, captado y llevado a cabo, se destila autenticidad y firmeza.

A menudo, en los libros se encuentran hipótesis, tesis, conclusiones y teorías. Todas pueden ser muy interesantes, pero tienen el peligro de ser solo discursos del intelecto, del razonamiento y de la lógica. Registros de intelectualidad. Pueden servir, no hay duda, pero no llegan al lector con el sentimiento del descubrimiento, de la vivencia o de la sabiduría experimentada. Pueden resonar de intelecto a intelecto y el lector puede creer, más o menos, en la tesis, según sea novedosa o bien tramada. Con todo, difícilmente evocará emociones vivenciales.

En el caso que nos ocupa, el lector puede confiar plenamente en la credibilidad global de lo que se explica, y queda invitado a sentir, reconocer y experimentar muchas de las propuestas que se exponen.

Otro factor de veracidad y testimonio es el punto de inflexión vivido por él cuando, en su vida, es capaz de pasar del personaje conocido en el terreno profesional a la persona íntima que es. Un proceso de sinceridad que va de mostrarse externamente a hacerlo desde la intimidad. Este hecho es muy difícil, porque la sociedad tiene muchos roles y estereotipos.

El autor se da cuenta de la realidad profunda. Va en busca de las esencias. La esencia de sí mismo y la esencia del conjunto de la humanidad. El yo auténtico lo comunica interiormente con la dimensión humana y la dimensión divina. Exteriormente, con la dimensión relacional de persona a persona y de la persona con la humanidad.

Solo desde el yo auténtico somos quienes somos.

Las reflexiones del «diccionario» son escritos surgidos de las vivencias y de la experiencia. Ofrecidos como una confidencia; con fluidez, sinceridad, naturalidad y frescor. El libro, un relato directo, respira espontaneidad y comprensión vivida. Experiencia nacida del yo y de mucha sabiduría.

Cito algunas frases, para mí, reveladoras: «El amor es nuestra naturaleza», «Somos aquello de lo que somos conscientes», «Las crisis permiten desarrollar nuestras cualidades...», «Al maestro le pides un vaso de agua y te hace descubrir la fuente que tienes en tu interior», «Los defectos no existen, solo existen las cualidades», «La vida te respira», «Para Ser no hace falta hacer nada concreto».

Gracias, Esteve, por esta sabiduría, que se convierte en reveladora y se contagia.

Neus Pintat Mateu
Licenciada en Ciencias Químicas. Exprofesora de Medicina Tradicional China en la Universidad Ramon Llull

Agradecimientos

Son incontables las personas que, a lo largo de mi vida, me han influido y ayudado. En lecturas, en conversaciones, en la convivencia, en la familia, en el trabajo, en cursos y en terapias, en viajes o en encuentros casuales, entre otros.

Todas me han servido de espejo para mostrarme facetas que no había descubierto. Mi camino no sería el que es sin ellas.

A este interminable listado de personas hay que añadir las lecciones de la naturaleza. Y la lista todavía permanece abierta. Porque la existencia implica la aportación de todos estos estímulos.

Me doy cuenta de que yo mismo debo de estar en «listas» de otras personas, tanto si son conscientes de ello como si no.

Démonos, pues, las gracias los unos a los otros.

Un camino

La Felicidad no es para cuando lleguemos al cielo, después de morir y de haber sido «buenos» toda la vida. ¡La Felicidad es para ahora mismo!

Y no depende de que nadie nos otorgue ningún permiso. Todos tenemos derecho a ella porque es nuestra naturaleza. Tú y todos la podemos descubrir y disfrutar, ahora y aquí. Aunque parezca extraño, ¡solo depende de cada uno de nosotros!

Durante muchos años he sido un analfabeto en los aspectos que son más importantes en la vida de una persona: el conocimiento profundo de uno mismo más allá del personaje que interpreta en la vida, la verdadera autoestima, el sentido de la vida y de la propia existencia, el sentido de la muerte y el más allá, o la vida espiritual que todo lo ordena.

Fui educado en una familia que valoraba especialmente las obligaciones y las culpas, en lugar de favorecer mi autoestima y mi libertad. La escuela religiosa a la que me llevaron amplificaba estos mismos contravalores, proponiendo una religión basada en la culpa y en el pecado. No sé cómo lo vivían mis compañeros, pero yo me iba a dormir muchos días con miedo a ir al infierno por cualquier nimiedad si no hacía unos actos de contrición que aplacaran a un Dios severo, solo pendiente de un resbalón mío para aplicarme un castigo irreparable. A pesar de ser bien calificado en la escuela y más tarde en la profesión, no podía permitirme fallar. Si lo hacía, el castigo me caería, exorbitado, desde cualquier lado.

Mi obsesión era ser perfecto. Y ese es el personaje que adopté.

En consecuencia, ignoraba a quienes me valoraban positivamente, porque me distraían de mi objetivo de ser perfecto mientras que, para mi desgracia, otorgaba toda credibilidad a la más mínima crítica, ya que esto me afianzaba en el deber de ser aún más exigente conmigo mismo. Una exigencia que después aplicaría a mis hijos y, por extensión, a todo el mundo.

Paralelamente, mi necesidad de ser valorado buscaba continuamente el reconocimiento de los demás, que nunca era suficiente, porque la más mínima crítica o la misma indiferencia lo echaban todo a perder. Cuando me miraba al espejo sentía pena de mí mismo, convencido de no valer nada. El sentimiento que me dominaba era el miedo. Siempre vigilante y pendiente de reconocimientos que no llegaban o me parecían insuficientes. Adaptarme y no causar problemas era parte de mi obsesión por ser reconocido. De noche, mi subconsciente alimentaba sueños de grandeza: reyes y gobernantes me pedían consejo y quedaban admirados de mi clarividencia. De día, mi inseguridad y carencia de autoestima me devolvían a la amarga realidad que, al mismo tiempo, condicionaba mi relación con las mujeres convencido como estaba de no tener éxito y de ser rechazado.

Un día conocí a una persona que cambiaría mi vida. Su testimonio y la semilla de los conocimientos que plantó en mí, fructificaron con el tiempo. Me hizo ver que la idea de mí mismo, mi «personaje», había sido construida sobre bases equivocadas, que mi identidad auténtica y positiva nada tenía que ver con ello; que, cuando uno se da cuenta de su realidad profunda, se deshace de las falsas creencias y se permite estrenar una nueva vida, libre y feliz.

Su testimonio echaba por tierra la práctica totalidad de puntos fuertes que me habían dado seguridad psicológica hasta entonces y, por supuesto, uno no se siente cómodo cuando se siente desnudo.

En consecuencia, me lancé a numerosas lecturas, conferencias, cursos, talleres, maestros y gurús. Supe que no descansaría si no conocía verdades más auténticas sobre las que construir mis valores y mi vida. Había que renunciar a esquemas mentales y a ideas que impedían mi realización, a cambio de una seguridad psicológica malentendida y que se demostraba ineficaz.

Con los años, persistiendo y venciendo periodos de desmoralización y algún serio terremoto, he podido comprobar afirmaciones y conocimientos que, inicialmente, solo eran una hipótesis de partida, y conseguir integrar estos nuevos valores en mi vida, de forma práctica y por experiencia vivida.

En ese momento, no me siento de camino a ninguna parte, de no ser hacia el interior de mí mismo. Detenido a contemplar el trayecto realizado, siento que es una buena ocasión para compartir contigo las buenas noticias, que para mí son las siguientes:

- ◊ La vida tiene un sentido fantástico: conseguir la Felicidad mediante el despliegue completo de nuestras cualidades básicas en el plano humano y en el establecimiento de la conexión con Dios (la Mente Universal, el nivel Superior, lo que más te guste), en el plano espiritual.
- ◊ La autoestima, que se basa en el descubrimiento de la realidad auténtica de uno mismo, es un regalo tan extraordinario como imprescindible.

◊ Somos la fuente del amor, del conocimiento, de la energía, y podemos aplicarlos en todo momento y en todas partes, sin depender de valoraciones, estímulos o recompensas externas.
◊ Vivir desde la atención profunda cualquier aspecto de la vida cotidiana, dándote cuenta de lo que haces, tanto en la acción como en el reposo, es fundamental. Principalmente, de cara a dejar de representar al personaje que tantos años hemos vivido y alimentado, y para tener bajo control los restos que nos puedan quedar, aceptándolo con humildad.
◊ Somos todo aquello de lo que somos conscientes. Por tanto, es cada uno de nosotros el que construye su propia realidad, tanto si la juzgamos buena como mala.
◊ Mi vida y lo que haga con ella depende de mí y solo de mí. He liberado de responsabilidad a los padres, al resto de la familia, a los amigos, a la sociedad, a los políticos, a la religión, a la suerte y al destino.

Hay un Ser Superior, un Dios amigo que nada tiene que ver con lo que me inculcaron de pequeño. Un Ser que desea nuestra felicidad individual en todos los aspectos, que tiene el proyecto global del Universo, que es el mejor director de orquesta posible y el único que, por nuestro bien, controla la partitura entera.

Comunicadas las buenas noticias, quiero aclararte algunas cosas.

No soy un montañero que haya alcanzado todos los Himalayas, ni ningún otro récord. Me es difícil llevar a la práctica, día a día, todo lo que explico en estas páginas. Los hábitos adquiridos a lo largo de muchos años son un fuerte obstáculo con el que debo luchar una y otra vez para establecer una realidad nueva. No es fácil modificar ideas enquistadas desde hace tanto tiempo. Puedo comprender, por tanto, que les suceda lo mismo a otras personas. Sin embargo, cada día de trabajo me ha traído su recompensa y, desde la cota modesta y anónima en la que me encuentro, puedo divisar un panorama absolutamente mejor que el de hace unos años, y el fuerte deseo de compartirlo contigo lo vivo como la mejor forma de agradecimiento por los dones que he recibido.

Te darás cuenta, al terminar la lectura, de que estas reflexiones se ***entrelazan*** a menudo, como las cerezas en un cesto, de forma que hay momentos en que no sabes dónde termina una y dónde empieza la otra. La vida es así.

Recomendación final importante: no creas nada de lo que digo sin comprobarlo con tu propia experiencia.

AMBICIÓN

Te imagino una persona adulta a la que, por estar leyendo estas reflexiones, supongo interesada en la felicidad.

Quizás has sentido, a lo largo de tu vida, el deseo sincero de vivir algo grande, algo importante y definitivo, muy cercano a lo que podríamos llamar la Felicidad, con mayúscula.

No me refiero, por tanto, a una «experiencia» más, ni a una posición o estatus social, o a un gran éxito profesional. Me refiero a una intuición que quizás llevas dentro, que no se contentaría con estos ejemplos o que, simplemente, no tiene nada que ver con ello. Hablo de una plenitud que hace referencia a una realización personal total, a todos los niveles: material y espiritual. Hablo de lo que puede justificar toda una vida, que acaba mostrándote con claridad el porqué de tu existencia y la de los demás, y que te llena de lucidez y de felicidad.

Si eres una de estas personas, ¡enhorabuena! Si vives dentro de ti esta inquietud, te recomiendo que seas ambicioso. Porque esa ambición sí es lícita y necesaria.

No te conformes con poco, incluidos todos los logros sociales y materiales. Ve aún más a fondo. Sigue el hilo rojo de tu intuición. Ama esta inquietud, porque ella te conduce, de día y de noche, tanto si eres consciente de ello como si no. Cabalga la ola de esta intuición. Todo lo que puedas ambicionar ya es tuyo en algún sitio. Y todo significa todo: aspectos materiales de todo tipo y aspectos espirituales.

Hay personas que ponen límites a su ambición porque piensan en términos económicos; es decir, creen que no tienen derecho a pedir demasiado, porque entonces habrá poco para los demás y se sienten culpables. Es un error. La abundancia es ilimitada. Quizás has leído eso de «el rico tendrá aún más y al pobre le será arrebatado lo poco que tiene»... porque esto no tiene nada que ver con la justicia social. Hablamos de otro nivel, en el que la abundancia está garantizada para todos.

Hay una semilla dentro de ti que pide desplegarse completamente, que no se conformará cuando hayas resuelto tus problemas de timidez, de pareja, de fobias, de dinero... La insatisfacción permanecerá hasta que alcances esta plenitud, hasta que vivas la Felicidad en mayúsculas. Por ello me resulta adecuado iniciar, con esta, la lista de reflexiones de este diccionario.

No me he propuesto que fueran recomendaciones «de buen tono». Las he escogido pensando que pueden ser herramientas interesantes en el trabajo de personas ambiciosas como tú.

AMOR

Dependiendo de cómo se viva, el amor puede ser definido de varias formas.

Desde la mente, desde la comprensión, el amor se vive como la conciencia de unidad con todas las cosas. Es sentirse unido a todo lo que existe, como si todo fuera una sola cosa porque, de hecho, es así. La conciencia honda de unidad es gozo, es amor.

Desde otro ángulo, el amor se ve como la voluntad del bien para todas las personas. Querer el bien auténtico, profundo, de los demás es amor.

Hay que saber que, a menudo, no satisfacer las pequeñas demandas o de bienes provisionales que los demás nos formulan, en beneficio de un bien mayor para ellos, no es una postura cómoda.

Negarle pasteles a un hijo diabético —algo que él puede vivir como un bien inmediato— seguramente no será entendido como una decisión que protege su salud, que es un bien mayor.

Por ello, amar no siempre es fácil: hablar o callar, cuando la otra persona querría que hicieras exactamente lo contrario; mantener una postura coherente en contra de la mayoritaria opinión familiar o social... puede traer incomprensión y problemas.

De pequeño oía decir: «Quien bien te quiere, te hará llorar». No estoy de acuerdo con ello, como condición. No vale hacer llorar para salvar unos modelos sociales o que no coinciden con los tuyos. Pero es cierto que negar los premios que el otro espera, cuando estamos convencidos de que obstaculizan su realización más auténtica, a cualquier nivel, puede generar dolor e incomprensión.

De todo ello se deduce que amar debe ser un acto gratuito, no pendiente del posible reconocimiento o recompensa. Si esta comprensión se produce, tendremos ocasión de vivir con la otra persona aquella unidad de la que he hablado antes. Se produce, en este caso, una comunión extraordinaria, una ***intimidad*** total.

El amor no se rige por leyes económicas. No debemos llevar una contabilidad de lo que damos y de lo que recibimos a cambio. Cuando lo hacemos es porque nuestra autoestima es todavía baja, y depende del premio y de cobrar los servicios.

¡Nada más equivocado! El amor lo somos desde siempre y no podemos dejar de serlo porque es nuestra naturaleza. Cuando lo descubrimos, por medio de una verdadera ***atención***, nos damos cuenta de que realizar el amor nos hace crecer, y aumenta más y más nuestra autoestima y nuestra felicidad.

No se trata de llevar a cabo actos conscientes de amor porque lo ordena una regla moral o para ser «buenas personas» sino porque, claramente, va en beneficio de nosotros mismos, de nuestra realización. De un acto de amor consciente, entendido o no, cobrado o impagado, nosotros somos los primeros y seguros beneficiados, puesto que ha contribuido a realizarnos.

Cuando uno se da cuenta de esta magnífica realidad es cuando descubre que ama porque quiere, porque es su decisión, y nada ni nadie se lo puede impedir. Descubre que su naturaleza más auténtica y sus cualidades básicas, el amor entre ellas, son sagradas e inviolables. Pertenece a la naturaleza de la rosa regalar su perfume sin preocuparse de si será o no conocido y valorado. Tampoco el chopo se preocupa de si su sombra será aprovechada por muchos o por nadie. Simplemente, la da.

Nuestra naturaleza es amar, ejercer el amor, realizarlo. Decidir que no amamos a determinadas personas o en determinadas ocasiones equivale, simplemente, a ponernos unos límites artificiales que solo a nosotros nos perjudican. Si somos capaces de amar también cuando no nos lo reconocen habremos ganado, definitivamente, la libertad.

ARTE

Una construcción, por sí misma, no es arquitectura. De la misma manera que no cualquier sonido es música ni todo escrito es literatura.

Existe una ley oculta, un orden subyacente que, cuando se cumple, convierte estas manifestaciones en arte; es ese mismo orden el que rige los cánones armónicos de la arquitectura y de la música, así como la cristalización de los minerales o de las gotas de agua, y las leyes de crecimiento de los vegetales y los animales.

Las distancias armónicas en el ámbito de la música son las mismas que están inscritas en las proporciones del cuerpo humano —considerado tanto en su totalidad como en referencia a las falanges de uno solo de sus dedos— como rigen, también, las leyes de la astrología y de su interpretación.

Nuestro propio cuerpo es una obra de arte; ya lo demostraron los escultores griegos hace más de dos mil años.

Un orden matemático rige la creación en el mundo. Mozart podía exclamar: «¡Si el mundo entero pudiese sentir el poder de la armonía!». Una armonía que, en este compositor, tiene su base en la aritmética simple de los acordes perfectos presente en sus obras. Esta métrica excepcional, presente en todas las obras de arte, nos eleva unas «octavas» por encima de la cotidianeidad, hacia el mundo del espíritu; hacia nuestra «habitación de arriba» y nos abre la oportunidad de conectarnos con el Espíritu creador del mundo que conocemos. Por ello el impacto, cuando se produce, de la perfección de una obra de arte es, a la vez, recuerdo y llamada de nuestro verdadero origen.

La palabra *inspiración* se ha banalizado extraordinariamente y ello dificulta percibir lo que realmente significa. Ciertas personas tienen una sensibilidad tan afinada que, de forma «instintiva», son capaces de captar y materializar las leyes ocultas que rigen el arte y, por ende, la belleza. Como si fuese un milagro, su «instinto» les permite crear obras de arte con las mismas leyes perfectas presentes en la naturaleza.

Las técnicas se aprenden, pero esta inspiración, esta intuición, no se aprende; llega de arriba. Aseguran de Mozart que nunca tuvo que corregir una partitura.

Establecer contacto asiduo y consciente con el arte es una forma de mantenernos conectados y de sostener nuestra vida espiritual; nos permite permanecer abiertos a la sorpresa de una creatividad fantástica y continua, que nos incluye.

Es una oportunidad de ser conscientes de que somos «armónicos» —siguiendo el paralelismo musical— del «tono» fundamental que emite, constantemente, la Creación.

ATENCIÓN

La atención es el requisito primero y más imprescindible para todo ***trabajo*** personal.

Es tan importante que, si fuese total y suficientemente profunda, resolvería, por sí sola, la mayoría de los problemas. Pero ocurre que confundimos, a menudo, la atención con la memoria. Dado que somos capaces de recordar lo que hicimos ayer o la semana pasada, pensamos que mientras esas situaciones transcurrían, nosotros estábamos atentos. ¡Y no tiene nada que ver!

La atención de la que hablo es la que nos hace conscientes de nosotros mismos y de lo que llamamos el exterior, al mismo tiempo. La que nos permite darnos cuenta, visualizarnos y sentirnos haciendo, diciendo o callando, ante un hecho o un estímulo externo, mientras transcurre la acción o el silencio.

¿«Estabas ahí» cuando fuiste a comprar pan, cuando hablaste con el tutor de tu hijo, cuando veías aquella película o aquella puesta de sol? ¿O simplemente compraste pan, hablaste con el tutor, y viste la película o la puesta de sol?

Te propongo que lo reflexiones un momento, ya que la diferencia es fundamental. Porque hablo de funcionar automáticamente o de estar presente del todo, dándote cuenta de que vives cada segundo de lo que haces, desde el fondo de ti mismo. En el último caso, con una actitud que te permite decidir en el curso de la acción y no limitarte a actuar por reacción, que es lo más habitual.

Hagas lo que hagas, tomes la decisión o el compromiso que sea, hazlo con toda tu atención central para que se convierta en una experiencia imborrable. De esta forma nunca te verás obligado a repetirla.

De entrada, no es fácil. Ouspensky[1] realizó un clarividente estudio sobre el tema.

No te desanimes si compruebas que has vivido así muy pocos minutos a lo largo de un día o de unas semanas, o si te das cuenta de que la vida transcurre de forma automática para ti. Porque el día que seas consciente de ello, ya habrás empezado a cambiarla.

Debes saber que los pocos instantes que habrás vivido con esa atención que engloba lo que llamas tú y lo que llamas lo otro nunca los olvidarás. Porque te habrán dejado constancia de quién eres de verdad y te habrán revelado una nueva realidad, una identidad desconocida. Estarás más cerca de la atención silenciosa, de la pura atención, sin necesidad de objeto ni propósito, a la que se refieren los verdaderos maestros.

Las preocupaciones y los compromisos del día a día volverán a alejarte de ese centro. Pero entonces la añoranza y la insatisfacción que vivas se encargarán de hacerte regresar a él, una y otra vez.

Cuando te sientas perdido, ya sabrás a dónde necesitas acudir para encontrarte a ti mismo.

1. Pyotr Ouspensky (Moscú, 1878 - Surrey, 1947). Escritor y filósofo.

AUTOESTIMA

Tener autoestima significa ser consciente de las propias capacidades fundamentales y disponer de ellas.

El simple conocimiento de la riqueza de este potencial básico y de las cualidades que de él se derivan abre un campo de acción ilimitado y una felicidad tan auténtica y profunda, que no encontrarás tiempo para agradecerlo suficientemente. ¡Nunca te habrás sentido tan poderoso ni tan libre!

La autoestima te permite enamorarte de ti mismo. No de un ego, sino de una individualidad a la que nada ni nadie podrá quitarle los medios que tiene para vivir la felicidad y realizarse. Hablo de autoestima, no de autocomplacencia. No hablo de mirarte en el espejo de tus logros en cualquier ámbito ni en ninguna forma concreta, ya sea material o espiritual. ¡Ten cuidado de no alimentar el ego ni el ***personaje*** que puedas representar!

Todas estas realizaciones, por muy meritorias que puedan ser desde el punto de vista social, pueden obedecer a roles psicológicos o formas materiales. Ni unos ni otras son lo mismo que el fondo auténtico de cada persona. Desarrollan habilidades, tal vez muy importantes, pero se puede ser muy hábil socialmente y carecer, al mismo tiempo, de verdadera autoestima.

La autoestima es la base, el fundamento de todas las capacidades. La creatividad se construye con el amor y la inteligencia, y el entusiasmo con la energía y el amor; la responsabilidad, con la suma de las tres.

Todas las cualidades se derivan de estos potenciales básicos, al igual que la infinita gama de colores deriva del amarillo, el rojo y el azul. Después de haber llegado a la esencia, a las cualidades fundamentales, puede decirse que la autoestima es una parte importantísima del autoconocimiento.

Progresar en el descubrimiento y la asunción de la autoestima es una excelente ayuda para librarse del ***personaje***. Y es fácil de entender: a medida que te haces cargo de la inmensa riqueza de tus cualidades y de la evidencia de que nunca la puedes perder, vas abandonando la idea postiza de ti mismo y el plan de acción que escogiste para vivir y para conseguir, un día lejano, la riqueza que pensabas no tener.

Este rol, fruto de una idea y de unos sentimientos que la acompañaban, fue creado sin que fuésemos conscientes de ello. Por esa razón, es imprescindible un trabajo serio a este nivel. Es necesario que sea largo y constante, porque esta idea, que bien podríamos llamar «pecado original», es muy antigua, y no es sencillo identificarla con toda su fuerza, conexiones y consecuencias, en el presente.

Pero, aunque este ***trabajo*** es imprescindible, todavía no es suficiente.

Un día llegamos a descubrir que, desde muy pequeños, fabricamos un personaje-corsé que nos prometía psicológicamente un futuro mejor, la felicidad a la larga. Durante muchos años ha sido nuestro seguro de vida. ¿Quién crees que estará dispuesto a abandonarlo si su autoestima no ha crecido lo suficiente para demostrarle que ya es dueño de lo que ambicionaba? ¡Nadie abandona el propósito inicial a cambio de nada! Por el contrario, cuando descubres que dispones de una riqueza de cualidades insospechada, enorme e inalienable, la compulsión del personaje desaparece de una forma natural e inevitable. Sin lucha entre dos partes de ti mismo. Nadie sigue buscando lo que ya tiene.

Una última observación: la autoestima no puedes limitarla a un descubrimiento mental, a una identificación de cualidades que no conocías o a la posibilidad de disponer de ese fondo de potencial y energías.

¡No te limites a «saber que existe»! Es imprescindible materializar estas cualidades llevándolas a la práctica en la vida diaria, a todos los niveles. Solo esta experiencia, vivida desde la atención gozosa de la propia expresión, garantiza que nos instalemos en la autoestima de forma definitiva.

CASUALIDAD

Un día me di cuenta de que, en una serie de hechos relevantes de mi vida, aquello que llamamos «casualidad» había desempeñado un papel muy importante. Si hubiera tenido la paciencia de examinar otros hechos de menor relevancia, ciertamente habría podido ampliar la lista.

¿Recuerdas cómo te eligieron para el puesto de trabajo que tienes ahora? ¿O, tal vez, cómo lograste cambiarlo? ¿Y cómo conociste a tu pareja? ¿Quién te recomendó ese libro que te resultó importante? ¿En qué viaje conociste a la persona que, «casualmente», ha resultado ser tu mejor amiga? Si esa persona hubiera llegado cinco minutos más tarde a ese lugar adonde tú, por cierto, no tenías previsto acudir, pero al que, a última hora, te llevaron... Ya me entiendes.

Se han hecho películas sobre el tema, ¡pero es una experiencia muy real!

Intenta detenerte a reflexionar de dónde vienen estas «casualidades». ¡Es fascinante! Se llega a la conclusión de que no lo controlamos todo, ni mucho menos. A veces, ni lo más importante en nuestra vida. El simple hecho de existir con unas demandas precisas y una determinada vocación, sean o no conscientes, se convierte en un llamamiento, en un imán para atraer a personas, hechos, situaciones, que nos aportan materiales y lecciones que nos son necesarios.

A menudo no nos damos cuenta en el momento en que ocurre y, menos aún somos capaces de captar su sentido. Pero, echando la vista atrás, admitimos que aquella «casualidad» cambió nuestra vida. Si no hubiera pasado aquello, no habría pasado lo otro..., en una cadena que vincula la vida de muchas personas.

Todas las «casualidades» que he descubierto en mi vida —y todas quiere decir las que viví como afortunadas y las desafortunadas— han sido positivas para mí. Dolorosos o placenteros, los *inputs* recibidos por medio de las «casualidades», se han demostrado necesarios y útiles. Ahora estoy tranquilo, porque estoy convencido de que hay alguien que lo controla y lo programa todo, con datos y posibilidades que nunca hubiera podido imaginar.

Si la memoria no me falla, Santa Teresa de Jesús[1] hizo la siguiente interpretación de quién era el programador: «Cuando me doy cuenta de que ya no puedo hacer nada más, creo que es cuando le toca actuar a Dios».

1. Santa Teresa de Jesús (Gotarrendura, 1515 - Alba de Tormes, 1582). Monja carmelita, mística y escritora.

COMUNICACIÓN

La comunicación entre las personas, esa cualidad tan deseada, tan invocada y necesaria, está condicionada por ciertos factores. El ***personaje*** que interpretamos —nuestra máscara— actúa como un verdadero filtro, a menudo con una importante impermeabilidad, e impide que nuestro yo auténtico se comunique con el de los demás.

Pero existe otro nivel, más profundo, de comunicación.

Las hojas de un árbol pueden «verse» las unas a las otras, de muy cerca o de muy lejos, pero no tienen contacto entre ellas. Lo que tienen en común —y a la vez les da vida— es la savia que les llega desde el tronco. Esto es lo que las une y las integra como árbol. La vitalidad, la fuerza, les llega del tronco, no del «diálogo visual» con las demás hojas, de forma que, si se corta esta comunicación, la hoja muere. La vinculación con el tronco les otorga, asimismo, su razón de ser.

Algo parecido sucede con los miembros de una orquesta. Lo que une a los diversos instrumentistas es la batuta del director, más exactamente, la partitura.

Con las personas también ocurre algo muy parecido. Podemos «ver» a los demás, a muchas personas, podemos «hablar» con ellas, e incluso convivir a muy poca distancia. Pero la comunicación íntima, profunda, con lo que llamamos «el otro» solo se produce cuando compartimos el fondo común: la misma savia, la misma partitura.

Con o sin palabras, la comunicación desde nuestras cualidades esenciales nos permite conocer realmente a la otra persona. Río arriba —río adentro, en nuestro caso—, los arroyos se reúnen en la fuente y se reconocen como una misma sustancia.

No es la cantidad de palabras ni de información lo que necesitamos para una buena comunicación, sino la profundidad desde la que nos comunicamos. Por ello, muchas veces el lenguaje corporal desmiente las palabras, y por eso los expertos no se fijan tanto en lo que las personas dicen sino, principalmente, desde dónde lo dicen.

El entendimiento con los demás no se consigue discutiendo sobre lo que nos hace «diferentes», sino descubriendo lo que tenemos en común. Es decir, teniendo en cuenta aquello en lo que somos lo mismo que el otro.

Esto tiene pleno sentido en el diálogo y, principalmente en la discusión, porque lo normal es que el otro busque lo mismo que yo, pero por diferentes medios o partiendo de otro ángulo. No hay que perderse en la variedad de las hojas, sino trasladar la comunicación al tronco común.

Por desgracia, lo más frecuente suele ser una cháchara superficial interminable, en conversación directa o a través de las redes. Creo que puede afirmarse que nunca hubo tanta facilidad para «comunicar» y, al mismo tiempo, no tener nada importante que decir. Es fácil constatar que la cantidad (de contactos) no lleva aparejada la calidad. Es por ello por lo que he dedicado una reflexión a la ***intimidad***.

CONCIENCIA

Nosotros somos todo aquello de lo que somos conscientes. Y darse cuenta de ello constituye una formidable revelación para ensanchar la mente.

Es necesario analizar, poco a poco, esta afirmación.

Normalmente, vivimos identificados con el cuerpo y sus límites físicos; es decir, unos pocos centímetros alrededor de nuestro ombligo. Esto es lo que tenemos en la mente cuando decimos o evocamos la palabra *yo*.

Pero la realidad es que somos todo aquello de lo que tenemos conciencia: los colores del árbol que admiramos cada mañana al ir al trabajo, la belleza del cuadro que quisiéramos comprar, la musicalidad del intérprete que más nos gusta, la habilidad que descubrimos en un artesano, la paciencia de la persona que admiramos, el coraje, la generosidad, la compasión, la inteligencia que descubrimos en otras personas... Somos cualquiera y todas las ***cualidades*** que vemos y admiramos «fuera» de nosotros.

Y somos, también, el conflicto o la violencia que vemos en situaciones externas. Somos todo lo que adjetivamos con calificaciones positivas o negativas. No podríamos verlo si no lo fuéramos; no podríamos ser conscientes de ello.

Puede que te cueste aceptarlo, pero te recomiendo mirarlo atentamente las veces que sea necesario. Se trata de una gran verdad.

Si tienes en casa un aparato de radio que no dispone de FM, no podrás recibir la señal emitida en esa frecuencia. Las señales que recibimos las personas las captamos porque tenemos instalado el «programa». Somos todo aquello de lo que tenemos conciencia. No puede ser más, ni tampoco menos. Por eso la ***realidad*** la creamos nosotros, en función de lo que somos conscientes. Aquello de lo que no tenemos conciencia no existe para nosotros. ¡Haz la prueba!

Darse cuenta de este hecho es absolutamente revolucionario. Ensancha la mente hasta límites antes insospechados. Y rompe la dramática separación que hacemos entre lo que llamamos «yo» y lo que llamamos «lo demás». Nos permite incorporar, hacer nuestras, las mejores cualidades que admiramos «fuera» y que habíamos enajenado en otras personas o cosas. Y nos permite cambiar lo negativo que vemos en el exterior, al darnos cuenta de que no es sino un reflejo nuestro. Presta atención a este cuento sufí:

Un anciano se encontraba sentado en el portal de su casa en un pequeño pueblo de Oriente. Un caminante se detuvo a preguntarle:

—¿Cómo es la gente de este pueblo?

—¿Por qué lo preguntas? —le responde el anciano.

Porque me he visto obligado a dejar el lugar donde vivía y busco un sitio nuevo para instalarme.

—¿Y cómo era allí la gente? —le pregunta el anciano.

—¡Ladrones y malas personas!

—Pues no has tenido suerte, amigo, porque aquí la gente también es así.

Poco rato después pasó otro caminante, y le hizo la misma pregunta al anciano. Este, a su vez, le dice:

—¿Y cómo era la gente de tu pueblo?

—Buena gente —le responde.

—Pues estás de suerte, amigo; ¡aquí todo el mundo es buena gente! Te vas a encontrar bien aquí.

Mires donde mires, todo resulta ser un espejo de ti mismo.

En algún sitio leí que un alto dignatario inglés visitó a un santo eremita muy conocido que vivía aislado en una cueva, en la India. En un momento dado, el dignatario, lleno de buena voluntad, le dijo: «Me gustaría que pudiera usted conocer Londres». A lo que el eremita respondió: «Señor, Londres soy yo».

Nunca podemos salir de nosotros mismos; ni en casa ni en Londres.

CRISIS

Debemos ver los problemas y las dificultades como oportunidades para realizarnos. Porque lo son.

Nada viene a nosotros por ***casualidad***. Con nuestros pensamientos y con nuestros actos, hemos creado las condiciones para que se presenten los obstáculos que necesitamos vencer para lograr un desarrollo completo de nuestras cualidades.

Cuando se habla de las diferentes vidas que hemos vivido antes de la presente, de las leyes del karma, se da por hecho que, al nacer, ya venimos con las demandas, las herramientas y un destino que nos debe permitir hacernos mejores. Se asegura —y parece muy adecuado— que elegimos a los propios padres para empezar la aventura de nuestra existencia.

No debería extrañarnos que los obstáculos sean necesarios y, por tanto, tengan que ser bienvenidos.

El atleta o el montañero que pone el listón cada vez más alto o más lejos o que se fija una cota más elevada, no se lamenta, no lo vive como una desgracia. Él lo ha elegido, por difícil y peligroso que sea. Porque es una gran oportunidad. Es simplemente una cuestión de actitud.

Las pruebas estimulan nuestro crecimiento y lo certifican: ¡he hecho un 4.000! ¡He superado un divorcio! ¡He remontado el negocio!

Una crisis es reconocida como una prueba más dura o global, o ambas cosas a la vez. Se trata de un *reset* en la vida, una ocasión para empezar de nuevo con el papel en blanco. ¡No hay por qué asustarse! ¿No es esto, tal vez, lo que hace un pintor, un compositor, un escritor, un arquitecto? ¿No es esto lo que les permite ser creativos?

El castillo en ruinas de las cartas del Tarot no representa solo un derrumbamiento; significa el final de lo viejo, que es necesario para el advenimiento de lo nuevo.

Una gran crisis puede propiciar un gran renacimiento.

Suele ocurrir que, si no hemos prestado atención a los primeros problemas, bien sea, por distracción o por voluntad de poner la cabeza debajo del ala, nos vengan otros mayores del mismo color. Y si estos también son ignorados, necesitaremos una crisis importante. A quien tiene dificultad para oír es necesario aumentarle el volumen de la radio.

En el fondo, lo que se nos pide es más atención y trabajo. Nacemos con una vocación de crecimiento; no solo físico, sino de todas nuestras cualidades. Tenemos la opción de resistirnos o de ir hacia delante, aceptando aquellos retos que nos permiten avanzar.

De la misma manera que la musculatura solo se desarrolla luchando contra el cansancio o la inteligencia solo progresa venciendo la pereza, cuanto más dura sea la crisis que venzamos, más importante y definitiva será nuestra realización.

Si la crisis te llega, deja que se hunda el castillo de las falsas creencias de limitación, de posibles ideas de culpabilidad, de tus presuntos ***defectos***. Por más ruido que provoque el hundimiento y por más polvareda que se genere, el viento se lo acabará llevando.

Cuando todo haya terminado, descubrirás que no has perdido nada de valor. Porque nada realmente valioso podías perder. Cuando te encuentres desnudo, examínate atentamente ante el espejo. El amor, la creatividad, el entusiasmo, la inteligencia, la energía... Los verás allí, de pie, preguntándote a qué esperas para volver a empezar con una vida nueva y mucho más feliz.

CUALIDADES versus DEFECTOS

Aunque estamos habituados a encontrarlos continuamente en nosotros mismos —y aún más, en los demás— los defectos no existen. Solo existen las cualidades.

Si de entrada no lo compartes, te pido un poco de paciencia.

Lo diré de otra forma: llamamos defecto a la ausencia, más o menos notable, de una cualidad. El juicio, por tanto, es fruto de una comparación.

La persona que se recupera después de romperse un brazo tiene poca fuerza en relación con la que tenía, o con la que tendrá cuando esté del todo recuperada. Un arbolito recién plantado no tiene el ramaje ni la envergadura de sus congéneres de sesenta años, por ejemplo. Ni ningún niño lee a la velocidad ni con la corrección de una persona adulta.

Sin embargo, en ninguno de estos casos se nos ocurre considerar defectuosos a estos protagonistas; simplemente son perfectos en su momento presente. Poco después se habrán desarrollado mucho más, pero seguirán siendo perfectos en cada momento de su trayectoria de crecimiento.

Más o menos desarrollada, una cualidad es, en cada momento, una ***realidad***, mientras que el defecto, fruto de una comparación entre lo que es y lo que podría ser, es una formulación mental, nada más que una idea, sin existencia propia.

Creo sinceramente que, mirado con atención, resulta tan claro que parece una obviedad.

Y, sin embargo, nos sentimos hipotecados en nuestras vidas y encorsetamos las de los demás obsesionados por los defectos, los propios y los ajenos. ¡Cuán a menudo los padres, los maestros o nosotros mismos, vivimos prisioneros de este falso relato!

Darse cuenta de ello es de una gran trascendencia, porque nada se puede construir sobre el vacío, sobre el defecto, sobre algo que no existe; mientras que todo crecimiento es posible sobre el fundamento de una cualidad, de una semilla que, con nuestra ***atención*** y cuidado, se desarrollará más y más.

Vivir pendientes de los pretendidos defectos es, aparte de una equivocación, un grave desprecio para nuestra autoestima, un impedimento por crecer y una tortura inútil. Nadie puede luchar contra sus defectos, porque es tan imposible como hacerlo contra fantasmas.

Todos, en cambio, con atención, trabajo y buen humor, podemos hacer crecer más y más nuestras cualidades, y convertirlas en árboles majestuosos.

CULPABILIDAD

La idea de culpa tiene que ver con una determinada moral, con los preceptos de una religión o de unas leyes humanas. Con todo aquello que ordena lo que debe y lo que no debe hacerse.

Ciertamente, es necesario ponerse de acuerdo con unas normas a respetar por todos para que la convivencia social sea posible. Por lo tanto, si te saltas un *stop* con el coche, serás culpable.

Pero no me refiero a culpa en este sentido social, ni a cuando la infracción se refiere a unas normas ideológicas o religiosas destinadas a garantizar determinados patrones sociales de conducta.

Me refiero al sentimiento de culpa en el sentido psicológico profundo; a culpas personales de las que la sociedad quizás nunca tendrá noticia. Actos o actitudes negativas, o bien que estamos convencidos de que lo eran, cometidos con los padres, los hijos, la pareja (vivos o muertos), en el mundo profesional, etcétera, regulados o no por las autoridades civiles o religiosas, que permanecen, desde hace muchos años, en nuestro inconsciente y condicionan nuestra vida actual de forma muy importante.

El sentimiento de culpa, sobre todo cuando no es consciente y ha persistido a lo largo de los años, tiene una gran fuerza de bloqueo.

El convencimiento de ser culpables de haber causado dolor a otra persona es un lastre que condiciona la expresión de las energías de que disponemos. Y, aunque no haya habido un acto explícito, ocurre lo mismo cuando hemos interiorizado ser culpables por creer que no hemos sido suficientemente «buenos».

Ya no soy joven, y debo decirte que he tardado muchos años en redimir la hipoteca de mi pecado original —ser malo «por defecto»— que me inculcó una religión muy mal explicada. Mientras la hipoteca duró, pagué por ella un precio muy alto.

Afortunadamente, existe la posibilidad de eliminar ese sentimiento de culpa, desde el momento en que uno se da cuenta de que lo tiene. Hay que entender lo que ocurrió en el momento original de generarse ese sentimiento.

Y entenderlo significa darse cuenta de que yo, en ese momento, no podía actuar de otra manera de cómo lo hice. No tenía la libertad que se me supone debido a mi historial y a mis antecedentes. Mi experiencia había marcado un surco que, inconscientemente, tenía que seguir. Estos condicionantes habían educado mis percepciones, los juicios que se seguían y los actos que de ellos se derivaban, en una dirección determinada. Después de mil pasos en una dirección, llega el que hace mil y uno, si no se ha producido una mirada consciente seguida del esfuerzo para romper la cadena. Las mismas ideas o premisas llevarán siempre a los mismos resultados.

La comprensión atenta y total de esa realidad es la única forma de liberarse de la hipoteca y del sentimiento de culpa. Es, al mismo tiempo, una enseñanza clara y valiosa de la fuerza de las ideas negativas y de la inconsciencia con que las hemos adoptado como nuestras. Cuando se ve el juego, desaparece la culpa y, lo que es más importante, podemos perdonarnos a nosotros mismos. Porque este perdón sí es imprescindible y decisivo, aunque nunca llegue el de las personas afectadas por nuestros actos «culpables».

Hacer las paces con nosotros mismos es la condición necesaria y suficiente para recuperar la comprensión, la capacidad de amar y las energías para ello.

Una vez pacificado nuestro espíritu, debemos saber que nuestros actos tienen consecuencias. Ya no vamos a hablar de culpas, pero sí de consecuencias. Y estas siempre deben asumirse. Su aceptación, con independencia de que sea posible revertirlas o modificarlas, es una gran lección de convivencia y humildad. Porque lo que me ha sucedido a mí es lo mismo que les ocurre a los demás.

¿Cómo no podremos, entonces, comprender y perdonar el mal que los demás nos han hecho a nosotros y librarles también a ellos de culpa?

DIOS

Puede que, si has vivido situaciones traumáticas con alguna religión que utiliza la palabra Dios, experimentes un rechazo nada más oírla. Lo he vivido y sé de qué va.

Los budistas o los musulmanes se refieren a esta Realidad Superior con nombres diferentes, al igual que ocurre con las diversas culturas en las que cada uno está inmerso.

Tengo claro que el nombre no es importante. Lo mismo que para muchas personas las imágenes o rituales son todavía necesarios para establecer el «contacto». Y está bien. No importan los nombres ni los medios, mientras no confundamos el nombre o las formas con lo esencial.

Yo fui educado en la religión católica y viví en una familia y en una sociedad que, mayoritariamente, tenían esa religión y esa cultura como referencia. El Dios que me enseñaron a adoptar era tan omnipotente como severo, mucho más juez que padre, pendiente de un error mío para enviarme al infierno.

De mayor, después de un trabajo de años, me di cuenta del error. Para mí, ahora, Dios es el Amor, la Felicidad, la Sabiduría, el Poder... en el grado máximo que soy capaz de concebir. Y tengo claro que las dosis pequeñas de estas cualidades que soy capaz de reconocer en mí mismo vienen de Él.

Para mí es el Creador de mi individualidad, al igual que de todas las demás. Mis cualidades son suyas, son una participación de su naturaleza que todo lo incluye. Y, aunque tengo que vencer cierta vergüenza al decírtelo, afirmo que me siento una expresión suya.

No creo estar diciéndolo con prepotencia, porque soy consciente de que se trata de un regalo que me ha sido hecho. No hay ningún mérito por mi parte.

Mi Dios no tiene casa, ni lleva barba ni sabría definirlo más allá de lo que he dicho. Al reconocerle su rol de creador, proveedor y tutor, a mí me sugiere reconocerle como Padre, con un significado y un valor absoluto que nada tiene que ver con el de nuestros padres biológicos, a quienes les ha sido dado el rol, entre otros, de ser colaboradores necesarios para que podamos aparecer en esta existencia.

A menudo me doy cuenta de que, creándome, este Ser Superior me ha invitado a un banquete extraordinario, me ha regalado unas *cualidades* magníficas y específicas para mí y me ha encomendado que sea feliz expresándome de esta forma concreta. A mí me toca hacer esto, así como a los demás los ha hecho diferentes y con distintos cometidos.

Cuando hablo de cualidades, no me refiero a cuestiones de personalidad o de carácter, ni a realizaciones concretas ni a ningún posible éxito. Me refiero a semillas, a potencialidades esenciales destinadas a crecer y a ser realizadas a través de la persona; unas potencialidades tan extraordinarias que no necesito ambicionar otras mejores.

Y si he hablado de un banquete es porque me doy cuenta de que así es como todos hemos sido creados e invitados a participar en él, con potenciales diversos, pero de la misma importancia y, a la vez, con una especialización tan perfectamente individualizada que hace que cada persona sea igual de necesaria y sagrada.

DISCIPLINA

O quizás prefieras hablar de constancia.

Elijas la palabra que elijas, es lo necesario para cambiar unas ideas y unos hábitos negativos por unos positivos.

Marcelle Auclair[1] explica muy bien que no podemos tener dos pensamientos antagónicos a la vez: rabia y amor, tristeza y alegría. Por tanto, cuando nos invade uno negativo, se trata de cambiarlo por uno positivo.

No digo que sea fácil, pero no existe otro camino. Cito de memoria y creo que es ella misma quien afirma que no podemos evitar que las ideas negativas sobrevuelen nuestra cabeza, ¡pero sí que está en nuestra mano evitar que hagan nido en ella!

La edad nos convierte en unos árboles más difíciles de doblegar a cada día que pasa. Y ello no ayuda, evidentemente.

A nivel mental ya nos damos cuenta de que nos gobiernan ideas equivocadas, que hay hábitos negativos con los que convivimos desde que tenemos recuerdos, automatismos que nos solucionan el día a día, a cambio de no afrontar los problemas de fondo, rutinas inútiles que no nos permiten acabar con unas insatisfacciones que llevamos muchos años arrastrando.

1. Marcelle Auclair (Montluçon, 1899 - París, 1983). Escritora.

Darse cuenta es el primer paso. Pero para cambiarlo hay que poner en ello mucha constancia y energía.

No es suficiente con una lectura, una conversación o una conferencia de vez en cuando. Es necesaria una dedicación constante. Después de todo, es lo mismo que hacemos si queremos dominar un idioma nuevo sin contentarnos con cuatro palabras. Es lo que hace un deportista de cualquier disciplina si desea conseguir su objetivo. Y se da perfecta cuenta de que el entrenamiento perdido por una lesión o unas vacaciones le hacen retroceder en su estado de forma.

El ***trabajo*** con uno mismo no es más exigente, pero tampoco menos, que los ejemplos que acabo de mencionar. No saldremos adelante si guardamos el trabajo para cuando nos llegue la inspiración o solo para cuando nos sentimos especialmente motivados. La tarea a veces es cómoda y en otras no apetece. Pero es necesario hacerla.

Muchos escritores han dado testimonio de cómo deben forzarse, en ocasiones, para seguir trabajando cuando no se sienten motivados. Y en cuanto a la inspiración, creo que fue Picasso quien dijo que nunca esperaba la inspiración: «Si llega, que me encuentre trabajando».

Darse cuenta de que uno se dedica a lo que justifica una vida ha de ser el mejor estímulo para mantenerse firme en el trabajo.

EDUCACIÓN

He aquí una tarea que es la suma de influencias de campos muy diversos. Me centro ahora en el papel de los padres y los maestros. Estos últimos, con el añadido de la instrucción, ligada a su profesión.

Sin embargo, hay un principio que todos ellos pueden compartir: el educador debe ir un paso atrás o al lado, a lo sumo, del hijo o del alumno. Nunca delante. Hablo, bien entendido, de educación y no de instrucción.

Que los padres dediquen tiempo a sus hijos, en el juego, con los estudios, etc., es algo positivo y necesario. Puede que lo hagan cuando su trabajo se lo permite, con independencia de que, en ese momento, el hijo lo reclame. Y está muy bien.

El resultado —en forma de calidad— de esta dedicación dependerá, sin embargo, de si el menor tiene o no otros intereses más importantes en ese momento. Por el contrario, cuando es el menor el que reclama la atención para su juego o la ayuda en sus problemas, si recibe la dedicación de los padres como respuesta se sentirá importante y seguro, porque la iniciativa ha surgido de él y se trata de una petición que ha sido atendida. El mensaje recibido es: cuando necesito a mis padres, ellos están ahí. Puedo estar tranquilo. En este caso, por tanto, el éxito de la colaboración es total.

Es un hecho que nadie puede educar de forma diferente a como vive en la realidad. En la relación entre las personas, especialmente directa cuando hablamos de padres o de maestros, se producen mensajes verbales y no verbales, y estos últimos son los más poderosos. Si un padre es mentiroso o egoísta nunca podrá transmitir un mensaje de sinceridad o generosidad a su hijo, por mucho que lo disfrace. Quizás se lo transmita un maestro que se propone, simplemente, darle clase de literatura.

¿Quiere esto decir que una persona generosa, sincera, inteligente podrá transmitir estos valores a un hijo o a un alumno? No podemos garantizarlo. La condición es ciertamente necesaria, aunque no suficiente.

Porque existe otra realidad: los ***hijos***, como muy bien explica Khalil Gibran[1] no son nuestros. Han venido a través de nosotros, pero son personas autónomas con sus propios valores y su propio destino. Y adoptarán, tarde o temprano, aquellos valores que vibren en su longitud de onda, según la semilla con la que han nacido.

Podrán descubrirlos en los padres, en los maestros, en los amigos, en los compañeros de trabajo o contemplando la naturaleza. Su futuro solo Dios lo sabe.

Por eso la educación no debe plantearse dirigir —lo que, aparte de contraproducente, es inútil— sino acompañar. Un paso por detrás, a ser posible. Por respeto y para permitir que sea el hijo quien se apropie del descubrimiento y de la experiencia.

1. Khalil Gibran (Bsharra, 1883 - Nueva York, 1931). Poeta.

¿Y el resultado? Puede muy bien ser el que no esperábamos. Pero, en todo caso, siempre será el que debía ser.

EQUILIBRIO

Las personas estamos construidas sobre unas capacidades fundamentales y lo más frecuente es que estas cualidades básicas estén desarrolladas de forma desigual.

La persona que ha desarrollado de forma importante la inteligencia y la energía, pero en grado muy débil la afectividad, puede actuar en la vida de forma despótica. Mientras, la que ha desarrollado mucho el amor y la energía, pero de forma pobre la inteligencia, puede aplicarse en las situaciones de la vida sin criterio o coordinación. De lo contrario, una persona que ha desarrollado el amor y la inteligencia pero que carece de energía, no será capaz de sacar adelante sus mejores iniciativas, por bienintencionadas que sean.

Soy consciente de que se trata de unas descripciones sumamente esquemáticas y simples. Pero valga la caricatura para ejemplificar la necesidad de hacer un esfuerzo para equilibrar, cuanto más mejor, estas cualidades básicas.

De entrada, no es sencillo, porque lo más fácil es caminar por el surco habitual. La persona que es predominantemente enérgica tiende a ser perezosa para pensar y pronta para actuar. Y la que es más mental a menudo preferirá repensar cien veces una decisión antes de tomarla.

Tenemos una clara propensión a actuar según los hábitos adquiridos. Pero la vida nos enfrenta continuamente con nuestras carencias. La profesión, la familia, los amigos..., son los encargados de aportarnos situaciones y decisiones que ponen en evidencia lo que más falta nos hace desarrollar. ¡Ya te habrás dado cuenta!

Hacer crecer, más y más, una cualidad fundamental, olvidando las demás, puede llegar a ser muy peligroso. Mientras no somos, de verdad, la versión auténtica y libre de nosotros mismos, es necesario controlar que una poderosa energía o inteligencia, no equilibradas y al servicio de un ***personaje*** aún no redimido, no nos lleven a la violencia o al autoritarismo. Es por ello que necesitamos trabajar para convertirnos en personas lo más completas y equilibradas posible, y hacerlo crecer todo.

El esfuerzo de desarrollar nuestros aspectos más débiles tiene premio: se experimenta una disponibilidad y una libertad cada vez mayor y permite una lectura del mundo y de la realidad diferente, mucho más completa, empezando por uno mismo.

ESPIRITUALIDAD Y RELIGIÓN

Creo que son necesarias unas precisiones previas, sin voluntad de definición alguna. Entiendo por espiritualidad el contacto personal y directo entre la persona y lo que llamamos *Dios*, lo Superior, o el nombre que sea. Una relación íntima y directa.

Y entiendo por religión un conjunto, un corpus, más o menos amplio y estructurado de creencias, vinculado a una iglesia, con sus teólogos, su jerarquía y su liturgia. Sé que no agoto ninguna de las dos descripciones, pero creo que serán suficientes para ver que hablamos de cosas distintas.

Para vivir la espiritualidad, la persona solo tiene que abrirse, desde su fondo más íntimo, a lo que para ella es trascendente —digamos, si quieres, Dios— permanecer atenta, sintiéndose partícipe de ello, viviéndolo como la dimensión más real y elevada de su individualidad. Incorporando este «nivel superior» a su dimensión más «humana», más cotidiana, ya sea en la acción, ya sea en el silencio y manteniendo abierto este contacto tanto por pedir como por recibir respuestas o intuiciones.

La diferencia más clara con la religión es que esta le dice a la persona cómo debe establecer este contacto y cómo debe interpretar las respuestas. Todas las religiones tienen sus intérpretes y, a partir de ahí, tienen jueces. Unos jueces que en demasiadas ocasiones han sido lo suficientemente severos, históricamente y hasta hoy mismo, para enviar a la hoguera a muchos miles de personas o para montar dramáticos ataques terroristas.

Intérpretes y jueces implican jerarquía y poder, y todo ello, riquezas materiales, claudicaciones y pactos con los poderes fácticos para mantener el poder y las riquezas. Al hablar de religiones me refiero a las clásicas y también a las más modernas, como pueden ser las edificadas en torno a predicadores televisivos más o menos carismáticos.

Debo aclarar que he conocido a gente magnífica de diversas religiones, que dan excelente testimonio de su generosidad, de la voluntad de servicio y de la caridad bien entendida. La espiritualidad no es incompatible con la adscripción a una religión, aunque no sean lo mismo.

La etimología latina de la palabra *religión* se refiere a «religar, unir», en este caso lo que llamamos Dios y lo que llamamos la persona. La religión cristiana tiene referencias muy interesantes: «Hemos sido creados a imagen y semejanza de Dios». O cuando Jesús comenta que estamos «unidos a Dios como los sarmientos en la vid».

De estos ejemplos se deduce que cada una de las personas es sagrada. Todas las individualidades lo son, porque así es como Dios ha querido expresarse en mil formas diferentes y no en una sola. ¿No es, pues, de toda lógica que cada persona encuentre su forma personal de contactar con Él? ¿Qué intimidad le ofrecemos a Dios si todas nuestras plegarias están hechas con plantilla?

No puedo dejar de citar un magnífico ejemplo que aporta Anthony de Mello[1] quien, no sin humor, le hace decir a un monje que vive en éxtasis permanente su relación con Dios: «Señor, disculpa que ahora te deje por un rato, porque me llaman a rezar con la comunidad».

No negaré, en modo alguno, que cualquier religión mínimamente seria pueda inducir a la persona a descubrir una vida espiritual auténtica. Lo que sí digo es que ese descubrimiento, cuando se produce, es personal. Sea en el seno de una religión, contemplando la naturaleza o cayendo de un caballo, como san Pablo, en el camino de Damasco.

El afán de trascendencia de la persona es un impulso natural, una necesidad imperiosa para entender en positivo el sentido de la vida o, en muchos casos, simplemente para huir del miedo a la muerte.

Demasiadas veces las religiones han instrumentado esta necesidad personal, dando una solución reglada que incluye lo que debes creer y lo que no, acompañado del complementario séquito de premios y de castigos. Sus fundadores solían estar muy lejos de estas estructuras, y las reformas y contrarreformas han intentado volver al planteamiento original, con resultados siempre provisionales.

A menudo las religiones tienen el efecto de evitar que pensemos por nosotros mismos. Y no les echo la culpa solo a las religiones porque, en la mayoría de los casos, son los propios adeptos quienes prefieren no tener que pensar. Así, quienes quieren tener controlado el rebaño, se encuentran con los que no aspiran sino a sentirse seguros formando parte de él.

1. Anthony de Mello (Raj británico, 1931 - Nueva York, 1987). Sacerdote jesuita y maestro espiritual.

Descubrir la vida espiritual es la revolución más trascendente de la persona. La comunicación directa con nuestro Creador, desde nuestra sagrada individualidad, supone un canal abierto de doble dirección desde el que descubrir la grandeza inmensa de quienes somos.

EXISTIR

Todo lo que rodea a nuestro nacimiento es muy delicado. Las experiencias prenatales, las del mismo momento del nacimiento y las de los años más inmediatos, pueden haber resultado muy traumáticas para ciertas personas. Puede tratarse de hijos no queridos de entrada o de casos en los que el comportamiento de los padres, después del nacimiento, haya provocado que el hijo interiorice el convencimiento de que no era deseado y deduzca que no tiene derecho a la existencia.

Incluso en casos en que no fuera esa la realidad de los padres, puede ocurrir que, por los motivos que sean, el hijo haya desarrollado esta percepción. Tenga o no una base real.

Los médicos han vinculado estos casos a problemas respiratorios posteriores del hijo o a otros más complejos, y los psicólogos podrían dibujar un amplio abanico de patologías derivadas de esta percepción, que pueden incluir bloqueos de todo tipo, falta de autoestima o llegar a paranoias, debido a que la persona implicada cree peligrar a menudo no solo su aceptación social, sino su propia vida.

Dado que, en este caso, la persona es muy exigente, con el propósito de comprobar, en todo momento, si se da o no su plena aceptación por parte de los demás, esta misma exigencia le conlleva respuestas de rechazo que no hacen más que confirmar su profunda percepción de que no es aceptado y de que no tiene derecho a existir.

Las experiencias de aceptación positiva las descontará, y anotará con precisión las de rechazo, porque le confirman lo que ya temía.

No se trata, como bien ves, de un tema banal. No es fácil que la persona implicada se dé cuenta del círculo vicioso en el que vive encerrada, del juicio que lo inició y, por tanto, que pueda salir de él por sí sola.

Creo que la ayuda de un buen profesional es necesaria para superar esta dura experiencia. Especialmente dura porque, al ser tan primaria, es mucho más difícil hacerla consciente de lo que sucede con una crisis adulta.

Puede que encontrarse en esta situación lleve a la persona a preguntarse: «¿Por qué yo»? o «¿Cómo puede ser la vida tan cruel conmigo?». Le respondería: no se trata de una prueba o de un sufrimiento inútil. Se te pide un esfuerzo de lucidez y de amor: lo que no te ha sido dado (o así lo has vivido) debes aprender a dártelo tú. Te aseguro que es perfectamente posible y nunca será más auténtico.

A tal efecto, no me resisto a recomendar el libro *Gracias a tus malos padres. Lecciones de una infancia difícil,* de Richard Bach.[1]

Alcanzado un grado importante de superación del problema, el ejercicio de la ***respiración*** consciente puede ayudar mucho a la

1. Richard Bach (Oak Park, Illinois, 1936). Escritor, filósofo y aviador.

persona implicada a consolidar su seguridad y a encontrar el camino que debe conducirle a la ***autoestima*** y a la felicidad.

EXPERIENCIA

Un día tuve ocasión de aprender que nosotros somos todo aquello —y solo aquello— que hemos desarrollado por propia experiencia.

Todo lo demás son ideas de nosotros mismos que no se ajustan a la realidad.

Hay una comprobación fácil de este principio: las críticas nos afectan cuando hacen referencia a lo que creemos ser o a lo que nos proponemos llegar a ser. Pero no nos afectan cuando se refieren a lo que somos realmente y de lo que somos plenamente conscientes, por haberlo comprobado por experiencia propia.

Un alpinista que ha escalado varias veces el Everest tendrá una sonrisa condescendiente para quien ponga en duda que es capaz de subir al Aneto. Pero el caso será muy distinto si a uno que ha intentado llegar al Aneto sin éxito, se le pone en duda su capacidad de hacerlo. Este probablemente se molestará.

Las experiencias conscientes de desarrollo, en cualquier ámbito de la vida, son la base imprescindible para la verdadera ***autoestima.*** Porque no hacemos, entonces, una valoración de nosotros mismos sobre ideas o deseos sino, simplemente, sobre hechos probados.

Desarrollar la experiencia depende solo de cada uno de nosotros. En todo momento y circunstancia yo puedo dar una respuesta positiva, que salga de lo mejor de mí mismo. Mientras me vivo interpretando un rol postizo, su esquema de ideas intentará dictarme las reacciones correspondientes a cada estímulo, si necesito rebelarme o adaptarme.

Una visión económica del ***amor*** también me dictará cuándo me resulta rentable amar y cuándo no. Pero es totalmente cierto que, siguiendo el surco del ***personaje*** solo recojo cupones para reafirmarlo y para incrementar mi frustración.

La verdad es que, en cualquier momento, si me doy cuenta de ello, puedo liberarme.

Puedo actuar dando una respuesta diferente, que salga de mí simplemente porque quiero, porque decido materializar en un acto o en un silencio lo mejor de mí mismo. Tanto si hay premio o reconocimiento como si no lo hay. Esto es experiencia positiva y crecimiento personal.

Suele ser frecuente que debamos obligarnos a actuar, desoyendo excusas de todo tipo. Entre ellas, las limitaciones físicas y las psicológicas.

Nunca vamos a estar, físicamente, al cien por cien, ni tampoco absolutamente «limpios» en nuestro inconsciente. Hay que aceptar estas limitaciones y trabajar a partir de esta realidad, contando con lo que tenemos.

La imperfección es una realidad para todos. Lo importante es lo que hacemos a partir de aquí. No hay que despreciar los pequeños pasos iniciales; son absolutamente imprescindibles y sirven para ampliar la perspectiva y facilitar los pasos siguientes.

FELICIDAD

No es lo mismo ser Feliz que estar contento.

Contento o triste son sentimientos pasajeros y superficiales, mientras que ser Feliz, en mayúsculas, es vivir la evidencia profunda de nuestra realidad más auténtica. No hemos venido al mundo para conseguir estar contentos o tristes, sino para descubrir la verdad última de nuestro Ser, el sentido de la vida y nuestra trascendencia respecto de esta existencia concreta.

La Felicidad es imprescindible, no solo para la estabilidad psicológica sino, principalmente, porque es el verdadero propósito de la vida. Por eso es un anhelo permanente, que brota de lo que íntimamente somos y que se afana continuamente por realizarse. Y es por esta misma razón que sufrimos en la misma medida en que no la tenemos realizada.

A pesar de su importancia, es frecuente que no la busquemos realmente. Nos contentamos con hacer lo posible para alejar de nosotros todo aquello que nos causa tristeza; aunque querer vivir siempre contento es una huida, agotadora e inútil, de la realidad.

La Felicidad a la que me refiero es compatible con los momentos de alegría y los de tristeza, porque es connatural con el Ser y no depende de los estados emocionales.

A menudo no somos ni tan siquiera conscientes de que existe esta realidad. En otros casos, después de vivir una prueba de su grandeza, quizás pensamos que no la merecemos. ¡O bien que no es necesaria tanta felicidad! Que una «ración» más pequeña sería suficiente. Por ello la primera reflexión de este diccionario está dedicada a la ***ambición***, a no contentarse con poco, a ir a por todas. ¡Porque es posible!

De hecho, no se puede vivir sin la Felicidad o, a modo de compensación, sin la esperanza —unida a un proyecto— de conseguirla algún día. ¡Nos hubiera gustado que los ***padres*** nos la hubiesen regalado!, pero no lo hicieron. Sin duda, porque ellos mismos no la tenían. Tampoco podemos «comprarla»; por más que haya innumerables ejemplos de haberlo intentado de diferentes maneras: a base de dinero, con sacrificios personales espectaculares, quizás a codazos...

De una u otra manera, nos hemos visto obligados a «fabricarla» nosotros mismos diseñando, desde muy pequeños y de forma inconsciente unos roles, un ***personaje*** —un proyecto— que pensamos que, a la larga, acabará dándonos la felicidad ansiada.

Después de años de esfuerzos y fracasos, llega el momento de darse cuenta de que este modelo también era un callejón sin salida.

Ya que no se puede comprar ni fabricar... ¿Cómo lograrla? ¡Descubriéndola! ¡En nuestro interior! ¡Ahora mismo! Fíjate que descubrir significa destapar algo que ya existía pero que, hasta entonces, estaba cubierto.

Si la Felicidad está aquí ahora mismo, de forma segura y solo depende de nosotros, ¿por qué cuesta tanto tener acceso a ella?

Desde muy pequeños adquirimos unas ideas de limitación que hemos ido confirmando a lo largo de la vida y que —al ser la base de nuestro «proyecto»— definen un «pecado original» que todo lo condiciona, y que no nos ha permitido darnos cuenta de que somos «felices de serie», «felices por defecto». Nos ha impedido descubrir que la Felicidad es un verdadero y sorprendente «regalo original».

Darse cuenta de este mecanismo es fundamental, porque solo la evidencia de lo que somos liquida todos los «proyectos» para llegar a ser.

La Felicidad se basa en dos pilares fundamentales: la autoestima y la espiritualidad.

La ***autoestima*** nos explica *qué* somos, de qué estamos hechos, cuáles son las cualidades básicas, inalienables, sobre las que podemos construir cualquier cosa. Nos demuestra que podemos ser causa en lugar de resultado y liberarnos, así, de las formas y personajes que hayamos podido interpretar hasta entonces.

La ***espiritualidad*** nos enseña *quiénes* somos. No la vinculo a ninguna religión, sino a nuestras intuiciones más elevadas de valores, a lo que podríamos llamar nuestro nivel Superior. Esta conexión nos aporta una tercera dimensión, totalmente necesaria para entender el sentido de la vida y ver en perspectiva los roles que interpretamos en el campo de dos dimensiones del terreno psicológico, con los conflictos y problemas de todo tipo.

La espiritualidad debería ser la cosa más natural del mundo. De hecho, se trata de la conexión con la «habitación de arriba» de nuestra propia casa; con lo mejor de nosotros mismos. Sin embargo, sucede a menudo que hemos trasladado esta habitación a una iglesia determinada. Hemos «domiciliado» este nivel Superior en otro lugar, fuera de nosotros mismos y condicionado, frecuentemente, a unas estructuras viciadas que no favorecen otra cosa que la desconexión.

No nos damos cuenta de que, al desechar el envase, nos deshacemos, a la vez, del contenido.

Hay personas que, con todo, se preguntan cómo es posible alcanzar la Felicidad, si se sienten completamente desgraciados en el momento presente.

Han de saber que el tamaño de su dolor da la medida exacta de la Felicidad que echan de menos. Y, por tanto, esta misma añoranza debería mostrarles que «conocen» la Felicidad. De lo contrario, no sufrirían, como les ocurre a los pacientes a los que se practicó una lobotomía.

¡Lo que les sucede es que tienen atascada la llave de paso a un depósito enorme de felicidad! Y, en este caso, el fontanero no puede ser otro que uno mismo.

Se trata de expresar felicidad, aunque sea con actos sencillos, tantas veces como se pueda. Toda ocasión es válida: una comida, una canción, un paisaje, una conversación, a condición de que la ***atención*** esté presente. ¡Hay que darse cuenta de que es uno mismo quien maneja la «llave»! ¡Esta expresión atenta es imprescindible!

De niños aprendimos a hablar y a caminar hablando y caminado, y, aún ahora, solo mediante el ejercicio conseguimos fortalecer la musculatura. Practicar es el único camino. Expresar felicidad es la forma de conseguirla.

La vida es sabia y llena de amor, y dispone de un buen recurso para conseguir que prestemos atención al estado de nuestra «llave de paso»: ¡se llama infelicidad! La insatisfacción —angustia, en ocasiones— de la que solo buscamos la forma de huir deberíamos vivirla como un toque de atención para descubrir la puerta que da acceso al fondo maravilloso de Felicidad que somos. Desde siempre.

HACER

Para «ser» con toda plenitud, no es necesario hacer nada en particular, exteriormente. Solo hace falta ser consciente del todo.

Sin embargo, es muy frecuente que la desconexión con nuestro Ser profundo origine una carencia de identidad que a muchas personas las conduce a actuar, a «hacer» compulsivamente, porque solo se sienten «ser» en cuanto que actúan.

Seguro que conoces a personas que llevan mal los fines de semana, las vacaciones... u otros periodos de descanso porque, en esas circunstancias, no se reconocen a sí mismas. Todo lo que hacen —bien sea en el ámbito profesional o en otras tareas que se imponen voluntariamente, una tras otra— las mantiene ocupadas el tiempo suficiente para ahorrarles la angustia psicológica de no saber, en realidad, quiénes son. Asimismo, este activismo compulsivo las lleva a otorgar a las tareas a las que se entregan una importancia que no tienen, que no merecen.

Vivir conectado con el Ser es una plenitud tan grande que ninguna ocupación, ninguna dedicación, puede aportarnos mayor satisfacción ni seguridad. Es a partir de ese momento que cualquier tarea, incluida la profesional, tiene una importancia relativa, justo la que merece. Ya no se depende de ella. No existen proyectos u objetivos a conseguir para garantizarnos la seguridad o la felicidad. De hecho, ¡no hace falta «hacer» nada en particular!

¿Te preguntas si promuevo la vagancia? ¡En absoluto! Quiero decir que lo que hagamos, lo haremos desde una libertad nueva, con espíritu gratuito; al igual que un buen actor puede interpretar cualquier personaje, sin vivir identificado ni atado a ninguno de ellos. Desde esta perspectiva, cualquier actividad se convierte en un juego en el que no tiene más valor gobernar el país que regar el césped.

¿No es así como juegan los niños?

Si la compulsión de hacer fuera tu caso, tengo buenas noticias: mediante la atención y la voluntad, te darás cuenta de que naciste feliz «de serie», que tu niño solo espera la ocasión de volver.

HIJOS

Quizás no has sido padre o madre, pero hijo seguro que sí. Y ya has tenido tiempo de comprobar que tus padres no fueron perfectos.

Quizás todavía les reclamas la atención, el tiempo, el amor, la dedicación, el ánimo, la valoración, el reconocimiento, la confianza, los estímulos que no te dieron. Puede que, en lugar de eso, encontraras ausencia, indiferencia, mensajes de miedo, críticas constantes, falta de soporte material. Los ejemplos y las casuísticas son tan numerosas como las personas.

Tus padres no fueron perfectos o no te dieron lo que esperabas. Ellos, a su vez, pensaban lo mismo de los suyos.

Todo el mundo tiene una coartada que es cierta. Si lo miras, puedes descubrir una larga cadena en la que los padres educan a sus hijos en los valores con los que viven, convencidos de hacer lo mejor porque piensan que también es lo mejor para ellos mismos.

Los padres sobreprotectores suelen formar hijos débiles o tal vez déspotas. Los padres supercríticos tienden a formar hijos que pedirán permiso para cualquier nimiedad el resto de su vida o, tal vez, se rebelarán contra todo tipo de autoridad.

No es mejor ser un hijo sobreprotegido que ser uno sobrecriticado. Simplemente, cada uno tendrá que trabajar cosas diferentes para convertirse en un adulto libre.

Si los ***padres*** no son libres, no podrán contagiar la libertad ni tolerarla. Si se sienten poco queridos, no podrán contagiarte autoestima. Y así con cualquier cualidad que puedas imaginar. Solo pueden transmitir lo que ellos viven, lo mismo en positivo que en negativo.

¿Sabes cómo se rompe la cadena? Es necesario que te des cuenta de que, de pequeño, dependías de tus padres totalmente; tanto desde el punto de vista material como del psicológico. Era tan importante como inevitable, porque se trataba de una cuestión de vida o muerte.

Las carencias que sufriste las convertiste en ideas aceptadas de limitación que, al mismo tiempo, fueron claves a la hora de definir tu ***personaje***.

¡Pero ahora ya no dependes de ellos!

Leí en alguna parte que, en los circos, ataban a los elefantes a una estaca cuando eran pequeños para tenerlos controlados. Ya mayores, no se daban cuenta de que con un mínimo tirón se podían liberar. Habían interiorizado este vínculo como una limitación permanente.

El cliché que nos hemos hecho de nosotros mismos nos ata, de forma inexorable, como el elefante a la estaca. La solución consiste en darse cuenta de ello y decidir liberarse y hacerse cargo de la propia vida: esto es lo que significa ser adulto. En caso contrario, sigues siendo un niño dependiente, aunque estés jubilado.

Quizás no has descubierto cómo dar un tirón a tus clichés de limitación. A mí alguien me dio una herramienta que te aseguro que funciona. Te lo cuento tal cual.

Quédate solo, en un lugar recogido y tranquilo, relájate e imagínate que vuelves a nacer y que te han tocado unos padres (padre y madre) ideales, los más perfectos que puedas imaginar. Vive cómo te miman y cómo te dedican tiempo y atención, cómo te aman y valoran todo lo que haces (trabajos escolares, habilidades en el juego, tus primeros proyectos...), vive como siempre están contentos, y te transmiten paz y felicidad, visualiza que te sientes completamente seguro con ellos y que te vas a dormir totalmente tranquilo y confiado; nada te asusta ni te preocupa no poder solucionarlo. Sabes que nunca te fallarán, te valoran y tú te sientes fuerte, seguro y feliz.

No se trata solo de que lo pienses. ¡Tienes que vivirlo! Con los sentimientos que te surjan.

¡Vive el poder que descubrirás y llora, en su caso, de felicidad! ¡Porque este eres tú, de verdad! Alguien que no tiene límites marcados, que tiene una disponibilidad instantánea y total para hacer lo que le convenga. Es decir, una persona inmensamente rica en cuanto a cualidades básicas.

Es muy posible que, al día siguiente, ya no te lo puedas creer. Pensarás que lo has soñado y que no puede ser cierta tanta felicidad.

Esto significa que tendrás que consolidarlo: repite el ejercicio con tus padres reales, vivos o muertos, con todas sus carencias, y vive, siempre con los sentimientos, el desaliento que esto te provoca. Después, vuelve a hacerlo con los padres ideales, con la felicidad que sentiste.

Si haces bien este ejercicio varias veces, todas las que sea necesario, viviendo estas dos situaciones tan distintas, descubrirás el engaño en que has vivido y no tengo ninguna duda de la opción que elegirás. Habrás roto la cadena para siempre, y a tus hijos les darás la oportunidad que necesitan de vivir la libertad y el poder de verdad.

HUMOR

El éxito de un chiste radica en la sorpresa. ¿Te has dado cuenta?

El planteamiento se resuelve de una manera completamente insospechada, inverosímil, tal vez absurda..., pero, en todo caso, al margen de la lógica a la que conducía, linealmente, todo el relato previo.

Por eso hace reír. Y por eso se celebra como una posibilidad que no se había tenido en cuenta, que no se había previsto. La solución es, por imprevista, enriquecedora.

Un símil suficientemente conocido de estas sorpresas enriquecedoras lo encontramos en el comportamiento y las sorprendentes respuestas de los niños, que son celebradas con alegría. Todo ello es bienvenido, no tanto por que vaya contra la lógica, sino por tratarse de una aportación con la que no se contaba.

Si existe una solución que no pasa por el camino de la lógica, significa que esta última queda relativizada, disminuida como guía absoluta y manual único de lectura de la realidad. Y ahí es adonde quiero ir a parar.

Probablemente, te habrás fijado en personas que tienen una vida muy pautada, muy controlada, basada en principios y modelos bastante rígidos y, por tanto, poco amigas de las sorpresas y de las aventuras. Observa si suele ocurrir que a este tipo de personas los chistes no les hacen mucha gracia; si los ríen, es poco o por compromiso. En su caso, la sorpresa de los chistes las incomoda porque las descoloca, les cuestiona la seguridad del hilo de la lógica.

He observado que vivir abierto a la sorpresa y con ideas flexibles es más propio de personas que ríen los chistes con facilidad y relajamiento.

El trabajo interior no es fácil. Lo hacemos como podemos y a menudo caminamos, como un niño, a gatas. Es habitual proponerse programas de horarios, de ejercicios..., para conseguir unos resultados determinados. Y también es frecuente que, a pesar de la buena voluntad, existan momentos o temporadas en los que nuestra constancia desfallece o que los resultados no son tan buenos como los previstos, contra toda lógica.

No diré que sea el momento de echarse a reír, pero sí de sonreír y tomárselo con buen humor. Es el orgullo herido de una parte de nosotros mismos, que se resiste a aceptar que otra parte todavía camina a cuatro patas, lo que causa el mal humor, el desánimo o la desmoralización.

El remedio es el buen humor. Amemos la parte nuestra que todavía falla, con la misma paciencia y con el cariño con el que enseñamos a un niño a caminar.

IDENTIFICACIÓN

Si te crees un pie y una pierna, solo podrás dar patadas.

Si te identificas con tu cuerpo físico, podrás jugar al fútbol, con tu pierna y tu pie.

Si te reconoces como persona antes que, como futbolista, podrás decidir elegir el deporte que más te convenga, aunque no se juegue con las piernas ni con el pie.

Todo depende de aquello con lo que te hayas identificado. La perspectiva permite la desidentificación. La distancia del punto de vista permite modificar tus actos y tu vida.

No hace falta que nos alejemos mucho de nosotros mismos para conseguir una excelente perspectiva. Es suficiente colocar el centro de atención en la parte posterior de la cabeza, en lugar de donde habitualmente lo tenemos, que es en la parte frontal.

Este pequeño desplazamiento, de unos pocos centímetros, tiene mucha importancia, si bien no es fácil de conseguir y, menos, de mantener. Este punto coincide con el eje vertical que lo une con los centros del sentir y de la energía.

Normalmente, funcionamos como una pantalla —por no decir una pared— que «devuelve», como en un frontón, los estímulos que recibe del exterior de forma automática. Pero cuando estamos colocados en este eje posterior, observamos el panorama desde nuestro verdadero yo. Esta ***atención*** nos permite actuar con libertad y no solo «reaccionar», que es lo que hacemos habitualmente.

La identificación con el cuerpo físico, con el añadido del ***personaje*** que lo habita, nos limita enormemente. Desde el punto de vista psicológico, nos aporta miedos, conciencia de carencias, necesidad de defensa y de lucha por objetivos y para protegernos de los rivales.

A ello hay que añadir el miedo a la muerte, porque ella es la evidencia rotunda de la inutilidad final de todas nuestras luchas. Por el contrario, cuando nos identificamos con la ***vocación espiritual***, la perspectiva cambia por completo. Sentirse formando parte de lo creado como un todo elimina los contrarios. ¡No hay personas ni situaciones contra ti, porque todos formamos parte de lo mismo y *somos* lo mismo!

¡No hay nada fuera de ti!

No sobra ningún músico en la orquesta; cuantos más mejor, sean los que sean los instrumentos que utilicen. ¡Porque el «todo» es el primer interesado en el éxito de tu ***vocación*** particular, a todos los niveles! Si elegiste bien el «instrumento», el «todo» hará lo necesario para que triunfes con él.

Seamos o no conscientes de ello, la humanidad funciona como un circuito cerrado. ¡Mejor aún, como un solo cuerpo! Y es por ello por lo que el más leve movimiento, mental o material, de uno de sus miembros alcanza irremediablemente a los demás. ¿Acaso no se entera, de forma inmediata, todo tu cuerpo de un pinchazo en un pie?

La perspectiva espiritual, la conciencia de unidad, da un giro copernicano a la dirección de nuestras vidas.

INDEPENDENCIA

Dependemos los unos de los otros para todo tipo de cosas materiales. Y no me refiero solo a la etapa de la niñez sino, en un grado u otro, durante toda la vida.

La interacción social nos proporciona, asimismo, una serie de estímulos y experiencias que nos son necesarios para provocar nuestra respuesta y, con ella, nuestro crecimiento.

Algo distinto es la dependencia psicológica, que tiene todo tipo de formas. Quiero detenerme en una muy concreta. Es la que ciertas personas rechazan porque depender les implica la posibilidad de sufrir, sobre todo a nivel afectivo y entonces se marcan el propósito de convertirse en «independientes».

Vale la pena mirarlo atentamente.

He hablado de ello al tratar el tema del ***amor***. Cualquier relación afectiva no vivida desde la gratuidad, desde el desinterés, está expuesta al desengaño. Y nunca mejor dicho, porque desengaño es justo lo opuesto al engaño previo. Cuanto más fuerte era la atadura, es decir, más condicionada era la relación, más fuerte es el desengaño. Es inevitable.

Pero la verdadera independencia no se consigue rehuyendo la relación, aislándose o limitando las expresiones del amor. No depende de lo que se haga con los demás, sino —únicamente— de la profundidad desde donde uno se viva, en contacto con las propias cualidades básicas; el amor en este caso.

Desde este punto, el premio no es necesario, porque se vive desde un lugar en el que la riqueza no puede ser mayor y no se ambiciona tener más.

No puede haber desengaño, porque antes no ha habido engaño, porque no se estaba pendiente de una respuesta concreta. Ciertamente, pueden producirse sorpresas, porque no podemos prever ni controlar cuál será la reacción de los demás. Pero las posibles sorpresas no son lo mismo que el desengaño afectivo.

La independencia verdadera y definitiva no se gana con el aislamiento, sino logrando la ***autoestima*** profunda de uno mismo.

INTIMIDAD

¿Te has fijado en cómo vive un niño de muy pocos años?

Es todo expresión, no esconde ningún sentimiento: si está contento ríe y salta, si está triste o enojado, llora o grita y pasa de una situación a otra en un momento, porque vive totalmente en el presente y se aplica a cada situación sin la hipoteca de recordar el pasado, aunque sea el más inmediato. No se pregunta si puede o no puede y, menos aún, si debe hacerlo o no. Simplemente, lo hace.

La relación de este niño con un adulto es, por parte del niño, una relación de intimidad. No hay cálculo ni discreción: con la misma espontaneidad con que se lanza a tu cuello para abrazarte, puede patear un juguete porque se siente contrariado.

Ya sabes que los adultos nos comportamos de forma muy distinta. La relación está condicionada por no mostrar según qué sentimientos, por no hacer evidentes según qué carencias, para proteger la imagen que tenemos de nosotros mismos.

Quiero aclararte que no creo en la panacea de la «espontaneidad natural» si esta consiste en decir o hacer, en cualquier momento, lo primero que nos apetezca. No por educación, sino por ***amor***, puede ser necesario callar en lugar de hablar, o adaptar nuestras manifestaciones a la prudencia y a lo que sea más inteligente en cada momento.

Cuando hablo de espontaneidad me refiero a vivir y expresarnos con la inocencia del niño, teniendo relaciones de verdadera intimidad con los demás. Y la intimidad no es fácil. Esta cualidad se desarrolla automáticamente en la misma medida en que se van eliminando las sucesivas capas de cebolla de nuestro ***personaje***.

Así, llegará el día en que no necesitaremos defendernos de nada, ni del pasado ni del presente, que no tendremos que salvar las ideas ni avergonzarnos de ningún sentimiento. Nuestra mirada será la de una persona limpia y abierta por completo.

Puede ocurrir que esta mirada se considere socialmente indiscreta, que pueda incomodar o ser vivida por otros como una interpelación.

Hay personas que se molestan si la conversación se refiere a sentimientos, por miedo a sentir vulnerada o comprometida su intimidad. Algunos hacen el gesto de esconderse, aunque, simplemente, les feliciten por una cualidad profunda. Es esa misma profundidad lo que les incomoda.

Por el contrario, cuando dos personas se pueden mirar con la simplicidad de un niño, no necesitan hablar. Hay un entendimiento total, una verdadera intimidad.

Curiosamente, la palabra *intimidad* se ha asociado a menudo, socialmente, a una relación privada o sexual. Y es maravillosa, por supuesto, en este último terreno. Pero esto no significa que la relación sexual, por sí misma, sea sinónimo de intimidad.

No debe confundirse con el intimismo, las cenas con velas o la media luz del dormitorio. Se puede tener una larga relación sexual con la mente en otro lado o con el personaje psicológico muy bien vestido y blindado.

La desnudez de la intimidad verdadera es enormemente enriquecedora para quienes participan de ella. Se trata de la oportunidad perfecta para conocer y compartir el fondo más auténtico de la otra persona. Es una comunión entre los participantes, con independencia de su relación física.

Significa mostrarse sin disfraces psicológicos; siempre más complicados que los del vestir.

LIBERTAD

La vida cotidiana está llena de decisiones que tomamos «libremente» o, al menos, eso es lo que pensamos: qué ropa me compro, qué postre pido, a qué hora salgo de excursión...

Si lo miramos atentamente, cualquiera de estas decisiones está condicionada por factores diversos como pueden ser la opinión de los demás, el precio, el tipo de dieta o los hábitos alimenticios, la condición física en un momento determinado, respectivamente.

Lo mismo ocurre a la hora de decidir cosas más importantes: la carrera profesional que uno elige, la pareja con la que se propone compartir la vida. Hay que tener claro que decidimos, a veces después de mucho tiempo de pensar en ello, confundiendo la capacidad de tomar una decisión con la libertad para decidir. Y no es lo mismo.

Si en un cruce de carreteras encontramos un *stop*, probablemente decidiremos respetarlo. No solo para actuar de acuerdo con la ley, sino porque este condicionamiento es público y muy claro y, por tanto, muy consciente. Pero nuestro inconsciente, almacena cantidad de experiencias pasadas, llenas de recuerdos y sentimientos positivos o negativos, que son la base sobre la que tomamos unas decisiones que nos parecen totalmente libres, pero que vienen condicionadas por ese pasado.

Muchas energías mentales, afectivas y físicas están destinadas a guardar bajo control las vivencias del subconsciente. Si estas vivencias fueron muy duras, la hipoteca energética será mayor y, por vasos comunicantes, será menor la capacidad de decidir en el presente con verdadera libertad. Porque decidimos siempre con lo que nos permiten nuestros activos.

Nos sorprende a nosotros mismos descubrir, a toro pasado, que esa decisión importante que tomamos «libremente», después de mucho meditar, nos ha dado muy mal resultado. ¿Cómo es posible?: fue nuestro inconsciente el que tuvo más peso que todas las reflexiones conscientes o racionales y quien tomó la decisión por nosotros. ¿Una decisión que se ha tomado sin ser plenamente consciente puede llamarse libre?

Solo la limpieza del inconsciente puede liberar todas nuestras energías o capacidades. Es entonces cuando descubrimos potencialidades nunca imaginadas y, en consecuencia, una disponibilidad total.

Y es entonces cuando podemos hablar de verdadera libertad. Una libertad que no solo es evidente a nivel mental, sino que se siente, se experimenta, como un aire fresco que nos renueva.

LIBERTAD ESPIRITUAL

Después de ver cómo condicionan nuestra vida las experiencias vividas, consciente o inconscientemente, podemos preguntarnos: ¿no habrá también condicionamientos de vidas pasadas, si es que estas existen? ¿Nacemos, tal vez, con un destino marcado? O, más claramente, ¿estamos predestinados?

Ya sabes que hay culturas y religiones que creen en la reencarnación, que creen que vivimos diversas existencias. Debo decirte que yo no tengo conciencia o recuerdo propio para dar testimonio directo de la existencia de otras vidas, si bien el conocimiento de personas que sí la tenían hace que lo dé por cierto.

Este encadenamiento de vidas anteriores, con sus condicionamientos, se toma normalmente como un ataque frontal a la libertad personal. Queremos sentirnos libres y abominamos de cualquier religión o teoría que sugiera que estamos condicionados, en cierto modo, en la existencia presente. Esto se asimila a un fraude.

Pero lo cierto es que venimos a nuestra existencia con una semilla concreta, y la única tarea sensata es reconocerla y desarrollarla.

A nivel espiritual, no hay más libertad que esta.

Merton[1] dejó escrito: «Todo hombre tiene vocación de ser alguien; pero debe comprender claramente que para responder a esta vocación solo necesita ser él mismo».

Si un manzano quiere tener la «libertad» de convertirse en melocotonero o en un olivo, solo conseguirá retorcer inútilmente su existencia y producir unos frutos que no serán buenos ni para él ni para los demás. Sin embargo, sé que las personas nos negamos a rebajarnos a la categoría de manzanos, ¡que el rey de la creación no quiere aceptar recortes en su libertad!

No obstante, la persona tiene una ventaja respecto al manzano y es que se puede reconocer a sí misma conscientemente, que puede darse cuenta de la magnífica realidad de su Ser y puede enamorarse de ella. Y puede dar gracias, permanentemente, por la magnífica semilla que lleva consigo.

Si somos conscientes de la realidad de esta semilla y de nuestra individualidad maravillosa, ¿por qué querríamos convertirnos en una cosa diferente? Entonces se hace evidente que la libertad, en el sentido espiritual y existencial, consiste en desarrollar, cuanto más mejor, nuestro Ser auténtico y no otro.

1. Thomas Merton (Prada de Conflent, 1915 - Bangkok, 1968). Monje trapense y escritor.

MAESTROS

Algunos buenos maestros de yoga te reconocerán que un gato a menudo les supera. El ciclo de las estaciones del año o la alternancia del día y la noche constituyen buenos elementos de reflexión. La naturaleza es un amplísimo muestrario de maestros. Un río era el maestro del *Siddhartha* de H. Hesse.[1]

Me propongo señalar que no solo las personas pueden desempeñar el papel de maestros.

Pero, al mismo tiempo, es cierto que las personas convivimos para aportarnos enseñanzas las unas a las otras.

Algunas de estas personas están en condiciones de hacerlo en grado superlativo, dada su avanzada realización personal. Son los que podemos llamar maestros, aunque los que merecen este calificativo lo rehuirán y evitarán, en todo caso, ser tratados como tales.

Un buen maestro evitará no solo la adulación, sino la simple adherencia de sus seguidores, y no admitirá ninguna for-

1. Hermann Hesse (Calw, Alemania, 1877 - Montagnola, Suiza, 1962). Escritor y filósofo.

ma de dependencia entre él y los que le califican de maestro, mientras se autodenominan discípulos.

Un maestro de verdad no se propone resolver tus problemas, sino ayudarte a conocerte a ti mismo para que seas tú quien los resuelva. Puede, también, inducir estados de conciencia; pero no lo hará por respeto y por lucidez.

Enunciada una rápida lista de lo que no hace, puedes preguntarte: ¿qué es, pues, lo que hace?

Te aseguro que te verá por dentro, que te conocerá mejor que tú mismo en lo que respecta a tus mejores cualidades. Las que son lo suficientemente hondas e inalienables para que pueda verte como una espléndida realidad, sea cual sea tu situación presente. Por eso tú habrás ido a pedirle un vaso de agua y él te hará ver que dispones de una fuente propia.

Con las palabras que te dirija te sentirás tocado muy dentro, recibirás una sacudida íntima, al conectar con algo que tal vez presentías hace mucho tiempo. Te situará sobre los cimientos de tus cualidades básicas, desde donde podrás edificar un futuro liberado y feliz. Nunca más olvidarás ese encuentro.

Quizás estás a punto de preguntarme: ¿sabes adónde debo ir y cómo se llama esa persona?

No es tan sencillo. Porque, como buen educador *(**educación**)*, el verdadero maestro nunca irá delante de ti. Su propósito es desvelar tu propio autoconocimiento. La importancia de su respuesta dependerá de la importancia de tu pregunta.

Solo vivirás una sacudida profunda si en la pregunta has puesto toda la carne en el asador; si te has atrevido a saber, sinceramente, la verdad.

Estas personas existen, ciertamente. Aparecen en tu vida en el momento oportuno cuando, en el marco de tu insatisfacción o de tu creciente afán de saber, tienes la pregunta preparada.

No te preocupes por dónde encontrar la respuesta o por quién es el maestro que te la debe dar. Ocúpate de mirarte y de interrogarte a ti mismo, para que puedas formular, con toda claridad, la pregunta correcta. La respuesta siempre está lista; sea en forma de persona o en forma del río de *Siddhartha*.

La ventaja de la naturaleza es que no produce falsos maestros. Que los hay, te lo puedo asegurar.

Las llamadas sectas y los líderes que las dirigen hacen exactamente lo contrario de lo que he comentado. Lo primero que necesitan es demostrarte que no vales por ti mismo y resaltarán tus defectos en lugar de hacerte contactar con tus verdaderas cualidades inalterables de fondo. Para estos líderes eres una mentira, un vacío que esperan llenar a su satisfacción.

El resultado de este trabajo será la pérdida de la escasa autoestima que tenías y que te llevó a la secta. A partir de ese momento, tu valía estará condicionada al correcto seguimiento del adoctrinamiento del líder y a la adhesión a su persona. Garantizada la dependencia, el líder también se asegura el control psicológico de los adeptos.

Si este escenario te estremece no hagas responsables de él solo a los jefes de las sectas. Debes saber que los más fieles adeptos son los que se han incorporado voluntariamente.

Tiene todo el sentido preguntarse qué buscaba el adepto: ¿seguridad psicológica, identidad, autoestima? En su pregunta debes encontrar la respuesta.

Es corriente que las personas más inseguras queden deslumbradas por la «seguridad» intransigente del líder. Todos buscamos lo que pensamos no tener y entonces es inevitable enajenar ese poder en otra persona. La víctima necesita y llama al verdugo, con lo que el juego simbiótico es inevitable.

La autonomía y la felicidad dependen de hacerse uno mismo las preguntas correctas, una y otra vez, hasta que sean verdaderamente auténticas y básicas. Entonces no necesitas conocer el nombre y la dirección del maestro. La vida te los mostrará.

MEDITACIÓN

Puede que meditar te resulte muy difícil. Y, además, muy frustrante, porque por todas partes se repite la necesidad y los beneficios de la meditación, hasta presentarla como imprescindible.

Esta reflexión no va a negar, en absoluto, esta importancia, sino a centrarse en cuestiones prácticas relacionadas con ella.

Probablemente, sea necesario aclarar qué es lo que entendemos por meditación para saber qué es lo que nos proponemos. No pretendo establecer ninguna definición, pero hay que ponerle palabras para que nos entendamos: estar presente y atento, sin objeto ni objetivo, desde el foco de la consciencia profunda sería, para mí, una explicación válida. Sea como sea, meditar no es fácil.

Las diferentes escuelas recomiendan espacios determinados, en habitaciones silenciosas o en plena naturaleza, posturas concretas, momentos óptimos, la duración mínima de las experiencias; algunos recomiendan cerrar los ojos, otros aconsejan que estén semicerrados, con la vista dirigida al suelo a 1,5 m de distancia, aproximadamente; hay personas que se ayudan con velas, otras con mantras... Por no hablar de la severidad de la disciplina de los monasterios zen.

En este terreno no voy a hacer ninguna recomendación, aunque sí puedo asegurar que cada uno encuentra el modo más adecuado, independientemente de las recetas.

Cualquiera que sea el método elegido, todos nos enfrentamos, desde el mismo momento de empezar, con una mente que no cesa de aportar imágenes, pensamientos y distracciones de toda clase. Si te enojas por ello, añades un problema más. ¡Todo empeora si intentamos forzar la mente para que se calle!

Un discípulo primerizo, angustiado e impaciente, le preguntó a su profesor, un monje zen:

—Maestro, ¿meditando ocho horas al día, cuánto tiempo me va a llevar deshacerme del «yo»?

—Unos once años —contestó el monje.

El plazo parecía excesivo, por lo que el discípulo propuso:

—¿Y si consigo meditar diez horas al día?

—¡Entonces quince años! —respondió el maestro.

Las paradojas de la escuela zen conllevan una enseñanza muy real. ¡Hay que tomarlo con calma! Solo los mejores escaladores atacan la cima por el lado norte de la montaña.

No me avergüenza decir que frecuento el flanco sur.

Te sugiero quedarte solo unos minutos cada día. Para hacer algo muy sencillo, pero nada habitual: ¡estar contigo! Elige alguna habitación tranquila de la casa y pasea la vista alrededor y por los objetos presentes.

Obsérvalos, uno a uno, como naturalezas muertas. Están quietos y mudos, ¡se pertenecen! Ellos son los objetos, lo observado, y tú el observador. No te comunicas con ellos, no hay mensajes ni en una ni en otra dirección.

No eres nada de lo que ves. ¡Solo eres atención, una conciencia capaz de permanecer atenta! Todas las observaciones, por tanto, remiten al observador. Obsérvate a ti mismo observando.

Vienen los pensamientos, pero no les haces caso, dejas que se marchen. ¡Ahora no! Sigues tu observación en silencio. Todo se ralentiza, poco a poco; ¡hay paz! Relájate gozando de ella y de esta ligereza que no es habitual.

Date cuenta de que estás contigo; ¡solo contigo! Sin pretender llegar a ningún «estado», ni «sentir» nada especial. Pon la atención en el bienestar de percibir tu ***respiración***, y —muy importante— en tu capacidad de trasladar el foco de esta atención al objeto que elijas. ¡Esa libertad, ese poder! ¡Quédate con ello!

Empieza con pocos minutos. Solo si te sientes cómodo repetirás la experiencia.

No pretendo engañarte: probablemente no vas a estar en la cima, pero, a través de una rendija que quizás se abra en medio de la niebla de los pensamientos, puede que tengas un atisbo de ella.

Puede, incluso, que sientas la necesidad de encontrar un buen maestro de meditación para llegar arriba.

MUNDO

El mundo es una maravilla.

Te recomiendo prestar atención a la naturaleza, a la perfección de un árbol, de un animal, al estallido de la primavera, a la salida del sol. Quizás te han impresionado tantas y tantas expresiones humanas en el ámbito del arte: te has emocionado con la perfección y la piedad de las Cantatas de Bach, o con la armonía y la frescura de Mozart. Quizás te ha cautivado el arte de un artesano prodigioso o, simplemente, la mirada tranquila de un niño que confía plenamente en ti.

¿Tienes presentes a los millones de padres y madres que cada día cuidan de sus hijos y les dedican su amor, su tiempo y sus energías? ¿O los profesionales de todo tipo: maestros, médicos, abogados, artesanos, periodistas, que trabajan vocacionalmente, lo mejor que saben, y para quienes el dinero no es la motivación principal?

¡Esto ocurre todos los días en todo el mundo!

Seguro que tú mismo puedes recordar las veces que has puesto tu inteligencia, todo tu amor y energía en acciones y proyectos de los que te sientes legítimamente orgulloso.

Sin embargo, muchas personas ponen más atención a las

guerras, al hambre, a la corrupción política, a la violencia de género, a la gente que actúa por egoísmos de todo tipo, a muchos políticos que obran así. A nivel más personal, la ponen en las enfermedades, en la muerte, en problemas serios de familia. Y deducen de ello que el mundo está muy mal.

La lectura que hacemos del mundo, o lo que llamamos el «exterior», es un reflejo de lo que vivimos en nuestro interior.

Esto debe mirarse con mucha atención, desapasionadamente. O probablemente te parecerá escandaloso. Soy consciente de que, por lo pronto, es mucho afirmar que el mundo es una maravilla, cuando todos estos problemas existen realmente, y en modo alguno pretendo negarlo.

Pero me remito, de nuevo, a lo dicho sobre las ***cualidades*** y los defectos. La humanidad también está en desarrollo, en crecimiento. Y en la fase actual se puede afirmar que su destino es conseguir un perfeccionamiento mucho mayor.

Los millones de niños a los que aún no les ha llegado el momento de saber escribir correctamente no nos merecen un juicio negativo del mundo. Sabemos que aprenderán; que están en una fase de crecimiento. Sin embargo, en cada momento de su crecimiento, de su aprendizaje, ¡son perfectos!

¡Mucho más difícil, en cambio, es aceptar problemas como los que he citado, por el simple hecho de que exigimos que el mundo sea perfecto ahora mismo!

Doy por sentado que cada uno, desde su lugar, debe trabajar para que el mundo sea mejor a todos los niveles, incluidos, ciertamente, los sociales y políticos. Pero algo distinto es no aceptar la situación presente, dentro de una perspectiva de largo alcance.

Me preocuparía que no me entendieras en el sentido profundo en que intento expresarme.

El llamado «problema del mal» ha hecho correr mucha tinta. Pero fíjate que nace de una comparación entre lo que hay y lo que quisiéramos que hubiera. ¡Si esta comparación la hiciéramos, desde una óptica corta, con los niños que todavía no han aprendido a escribir correctamente, deberíamos deducir que su infancia es un desastre!

Nadie saldrá adelante obsesionado con sus ***defectos*** en lugar de apoyarse en sus cualidades. Del mismo modo no salvarán el mundo quienes lo contemplen como una desgracia, sino aquellos que se enamoren de él.

No, no es tan simple como lo del optimista que ve el vaso medio lleno y el pesimista que lo ve medio vacío; es mucho más profundo que esto.

Los hospitales están llenos de enfermos y de dolor, pero al mismo tiempo son el lugar donde las condiciones materiales y humanas representan la salud, y el camino de mejora y curación. Si un día tienes que estar ingresado por algún motivo en uno de ellos, ¿cuál de las dos lecturas que hagas crees que ayudará mejor a tu curación?

MUERTE

A partir de cierta edad, pensar en la muerte, o en lo que llamamos muerte, se hace más frecuente. Para muchas personas se trata de un pensamiento perturbador, incluso de un verdadero tabú, y hacen todo lo posible para quitárselo de delante, como han hecho a lo largo de toda la vida.

Pese a la edad avanzada, parecen obsesionados por incrementar todo tipo de distracciones o en añadir más kilómetros a su larga lista de viajes, con la divisa de que hay que vivirlo porque «al final, son cuatro días».

Dar la espalda a la realidad de la muerte del cuerpo físico equivale a una huida ciega e inútil.

De hecho, la muerte es un maestro excepcional. Vivirla como una excelente maestra y compañera, como una ocasión de oro para el autoconocimiento en profundidad, es una oportunidad privilegiada para descubrir lo que nunca va a morir.

Es una cura de realismo que nos ayuda a comprender el valor de las cosas. Cuando te das cuenta de que ya no tendrás más hijos, que no comprarás más casas, que no esperas ningún reto profesional.... comprendes que se trata de ciclos que tienen caducidad y que el valor de las «acciones» de todos estos negocios, no cesa de bajar a cada día que pasa. Lo vas a dejar todo, incluido el propio cuerpo.

Si la vida te regala todavía unos años, la contemplación de esta realidad es la ocasión para poner toda la atención en acciones de otro tipo, cuyo valor subirá cada día: me refiero a lo *que* somos y —sobre todo— a *quiénes* somos; qué es lo que hemos venido a hacer en esta existencia, cuál es el sentido de nuestra aportación al mundo que hemos conocido.

La muerte del cuerpo físico forma parte de la existencia, y, a la vez, es un descanso y una liberación. Cambiaríamos muchos actos y muchas actitudes hacia la pareja, los hijos, la profesión y nuestros objetivos, si supiéramos a ciencia cierta que solo nos quedan unos meses de vida. Y, ciertamente, ¿quién puede asegurarnos que realmente no es así?

Sin embargo, no se trata de acomodarse, lo mejor posible, ante un hecho inevitable, al tiempo que lo consideramos una desgracia. Porque la resignación nunca nos llevará a la felicidad.

Afortunadamente, existe una realidad que es mucho más importante y alentadora. Lo que venimos en llamar el «mundo occidental» no tiene integrado el hecho de que, después de la muerte del cuerpo físico, la vida continua en otros niveles y va seguida de renacimientos que nos permiten vivir diversas existencias, el objetivo de las cuales no es otro que nuestra realización total y la ayuda a los demás para que, a su vez, lo consigan.

Un hecho que, en cambio, está asumido desde hace siglos por budistas e hinduistas en el Tíbet y en la India. Una gran bibliografía y multitud de testimonios vivos dan prueba de la existencia de estos otros niveles y del *samsara* o ciclo de las reencarnaciones. En esta nueva visión la muerte se integra, con toda naturalidad, en la vida —entre diferentes «vidas»— como para nosotros ir a dormir entre un día y el siguiente.

Este nuevo paradigma deshace completamente las prisas implícitas en la percepción de que «son cuatro días», las actitudes conformistas o las miradas de corto alcance, y, a la vez, empieza a dejar claro que el trabajo que hemos venido a hacer para realizarnos, si no lo hacemos hoy, deberemos hacerlo mañana.

Los años perdidos por inacción, por pereza o por confusión deberemos recuperarlos con otros de acción, trabajo y lucidez. El suicida deberá afrontar, de nuevo, su problema en el punto donde lo dejó.

El objetivo es la realización total, la Felicidad completa para cada persona, independientemente de las vicisitudes ocurridas en una existencia concreta.

No somos un cuerpo físico que puede tener, de vez en cuando, experiencias espirituales.

Es al revés: ¡somos un ser espiritual que se encarna, provisionalmente, en un cuerpo físico! Y este cuerpo no es más que un «vestido» que habremos de sustituir en cada existencia.

El vestido de nuestra personalidad es algo que nos cuesta mucho abandonar. Nos queremos consolidar como una gota de agua importante e individual, en lugar de reconocernos como mar, del que siempre formamos parte y que, por el hecho de unificar todas nuestras reencarnaciones, nos da la recompensa de la eternidad.

Nuestro viaje no es un viaje a través de «objetivos», cada vez más importantes, destinados a conseguir una personalidad singular y notable. ¡El nuestro es un viaje de la consciencia!

La evolución de esta consciencia nos permite darnos cuenta de que es compatible jugar a vivir como una gota de agua inevitablemente efímera, al mismo tiempo que no dejamos de ser mar.

Los monjes budistas dispersan al viento unos mandalas en los que han empleado semanas y meses de trabajo y atención constantes. Conocí a un monje cartujo que, con todo cuidado, fabricaba sillas de madera en su celda, para quemarlas en la estufa en cuanto las había terminado.

Ciertamente, no es fácil conseguir este desprendimiento de las cosas y aún menos conseguirlo con el propio ego y con nuestro cuerpo.

Aunque la edad sea muy avanzada, tiene todo el sentido plantearse el significado de la muerte y de la vida. Desde la perspectiva de diversas reencarnaciones, la duración de una existencia concreta como la que conocemos es tan pequeña como irrelevante.

Puedes preguntarte: ¿por qué una vida son muchas vidas? ¡Misterio!

O bien: ¿quién ha diseñado este sistema de realización personal, este viaje de la consciencia, a través de diversas reencarnaciones? Un nuevo misterio; ¡quizás más grande, todavía! No me propongo entrar en ningún terreno teológico. Me limito a los hechos que, hoy en día, también en Occidente, ya nadie puede ignorar. Son miles los testimonios de personas vivas que, después de superar una muerte clínica, de vivir una experiencia cercana a la muerte (ECM) coinciden en describir la existencia de otros niveles de vida. Confirman que hay vida después de la muerte.

Todos los que han querido explicarlo relatan que han visto pasar toda su vida en un momento, comprendiendo el significado de sus acciones —incluidos sus sentimientos y los de los demás—, todo ello sin ningún juicio negativo. Todos comentan haber experimentado una paz y un amor tan grandes que no deseaban volver; a todos ellos la vida recuperada les ha cambiado completamente, en positivo.

La bibliografía es ya muy extensa y precisa. Numerosos médicos, especialmente americanos, aportan estudios y testimonios científicos. Es el caso de Sam Parnia,[1] de Bruce Greyson,[2] de Eben Alexander,[3] de los precursores Elisabeth Kübler-Ross[4] y Raymond A. Moody,[5] entre otros.

En Cataluña cabe destacar la recopilación de testimonios y la tarea pedagógica que lleva a término el doctor Manuel Sans Segarra.[6]

Paralelamente, la física cuántica se ha convertido en un instrumento decisivo para explicar, científicamente, el hecho de que el espíritu (energía vibratoria) pueda colapsar en forma de cuerpo físico (energía materializada), viajar a través de la materia o bien existir al margen de ella.

Desde hace tiempo, pues, sin contradicción con la ciencia, la vida más allá de la muerte es un hecho demostrado. Los «regresados» proclaman no solo su existencia, sino que descubren en la experiencia un propósito dirigido por una Inteligencia y un Amor, que nunca habían imaginado.

¡Comprender lo que sucede con la muerte es imprescindible para descubrir el sentido de la vida!

1. Sam Parnia. Profesor de Medicina MD. Universidad de Nueva York.
2. Bruce Greyson. Doctor en Medicina MD. Profesor de Psiquiatría.
3. Eben Alexander. Neurocirujano. Profesor en la Universidad de Harvard.
4. Elisabeth Kübler-Ross. Doctora en Medicina y Psiquiatría.
5. Raymond A. Moody. Médico psiquiatra y filósofo (PhD).
6. Manuel Sans Segarra. Doctor en Medicina y Cirugía. Profesor de Cirugía en la Universidad de Barcelona.

ORACIÓN

Oramos a Dios para pedir salud, pareja, trabajo, éxito profesional..., las cosas más diversas. Normalmente, esta petición se hace como último recurso, cuando nos damos cuenta de que todas nuestras tentativas han fracasado.

Oramos ante una estampa, una imagen en un santuario reconocido utilizando, si es necesario, fórmulas establecidas de resultado «probado». ¡Y a menudo funciona! Entonces otorgamos a estas imágenes, fórmulas, personas o lugares, la capacidad de hacer lo que, para nosotros, son milagros.

Pero escuchemos a Jesús mismo después de una curación milagrosa: «Tu fe te ha curado». No dice nunca: «¡Yo te he curado!». La fe que hemos puesto en la persona o en la imagen es el convencimiento de que ahí sí reside el poder; no en nosotros mismos. Y si ese convencimiento es total, absoluto, sin fisuras, se produce el milagro.

Desde un enfoque más laico, existen cantidad de testimonios de médicos y de psicólogos que dan fe de «milagros» similares en el campo de la hipnosis.

El poder (la fe) está en nosotros, pero lo hemos enajenado en favor de imágenes o de personas que pensamos que sí lo tienen.

De esta forma de actuar se derivan esperas angustiantes después de las peticiones, sentimientos de culpa, promesas y sacrificios expiatorios, dudas interminables sobre si merecemos o no lo que pedimos. No sabemos si Dios nos lo querrá dar o si nos exigirá, a cambio, pruebas muy duras.

Toda esta estructura mental se basa en pensar que Dios y nosotros somos algo diferente y por eso le pedimos, viéndole «fuera» de nosotros, que decida a nuestro favor.

Pues bien, esto no funciona así.

Nuestros anhelos más profundos y auténticos, relativos a nuestra ***vocación*** personal, a nuestra realización, a nuestra ***felicidad***, los que se mantienen vivos a lo largo de nuestra vida, son la expresión de la esencia más sagrada de nuestra individualidad. Y, una vez más, estas demandas no son propiamente nuestras; están presentes en la semilla con la que fuimos creados y pensadas para realizarse de la forma concreta que la Mente Superior escogió para cada uno de nosotros.

Desde esta perspectiva, ¿cómo podemos dudar de obtener el permiso y los medios, pidiéndoselos a un Ser caprichoso, cuando es Él mismo quien los ha elegido para nosotros? ¡No se trata de que ese Ser esté esperando que se lo pidamos, sino de que lo reconozcamos en nosotros! ¡Porque ya es nuestro!

Cuando este reconocimiento —autorreconocimiento— se consigue y es visto como el «regalo original» (que es justo lo contrario de un supuesto «pecado original»), se genera una acción de gracias interminable. En este momento, hay una identificación entre lo que somos y lo que Dios, la Mente Universal, quiere que seamos y se abre de par en par el camino para que se produzca lo que llamamos milagros.

Incluso puede decirse que, en esta circunstancia, no se ve

necesaria ninguna petición, porque uno se da cuenta de que los medios y el objetivo son inseparables.

Si nuestro subconsciente no mantiene, a la vez, una petición contradictoria (¡cuidado! hay que poner en ello mucha ***atención***) solo el miedo de no obtenerlo puede convertirse en el último obstáculo para la realización del objetivo.

PADRES

Es un tema que a todos nos atañe porque todos hemos tenido padres.

No conozco ninguna reflexión más breve ni más acertada que la de Khalil Gibran en su libro *El profeta,* cuya síntesis es que los ***hijos*** son seres con vida propia y los padres son solo el instrumento de la Vida para engendrarlos y ayudarles en los primeros pasos.

Y es frecuente que esto sea difícil de aceptar por su parte. Para muchos padres, el descubrimiento de esta realidad llega con la primera rebeldía de la adolescencia —el conocido «matar al padre»— y más probablemente por medio de fracturas más importantes en una posterior madurez, que frustran muchas de las expectativas que nos habíamos hecho como padres y transforman en soledad lo que habían sido identificaciones.

No quiero hacer un drama de esto; intento subrayar que la relación entre padres e hijos debería fundamentarse sobre la base de la sagrada individualidad de cada uno.

No conozco ningún libro destinado a explicar cómo educan los hijos a sus padres. Me explico: si no hubiera la compulsión de inculcar ideas, valores y formas de todo tipo a nuestros hijos y viviéramos esa libertad individual desde el primer día de nuestra convivencia, estaríamos mucho más preparados para descubrir lo que nos enseñan nuestros hijos, cuáles son sus valores, qué realidad profunda expresan sus habilidades, actitudes y comportamientos. Con toda probabilidad descubriríamos nuevos valores que nos educarían a nosotros. Y esto desde su primera infancia, cuando su libre expresión todavía no está contaminada, cuando existe total inocencia y confianza, cuando la competitividad no tiene sentido y toda la vida es un juego.

Los abuelos, viviendo de más lejos la responsabilidad de educar y los resultados de esta tarea, están más abiertos al juego de los nietos de lo que lo estuvieron con el de sus hijos. Por ello muchos manifiestan que con los nietos se sienten rejuvenecidos.

Creo que no hay una forma determinada de educar a los hijos. Lo que vale —y prevalece— es el testimonio de las figuras parentales. Porque, de hecho, después de todas las lecturas, apoyos psicológicos y cursos de todo tipo, esto es lo que acaba ocurriendo. Nadie puede transmitir lo que no vive desde su fondo auténtico, como tampoco dejar de transmitirlo si lo vive.

Los padres que no tengan ***autoestima*** no podrán transmitírsela a sus hijos.

Lo mejor que podemos hacer por nuestros hijos es realizarnos más y más nosotros mismos.

¿Te has fijado en cuántas parejas hablan, a menudo, de los problemas de los hijos y no hablan de sus propios problemas? ¿No deberían empezar por ahí?

La Vida se vale de la familia como una de las formas más extendidas de introducirnos en la existencia y asegurarnos una protección básica. Hay en esto una parte biológica clara con similitudes con lo que ocurre con otras especies. Lo digo con todo el respeto. Es necesario y positivo.

Pero la familia es también una forma. Importante, sin duda, pero una más. Ojalá los seres que nacen en su seno puedan descubrir, a través de ella, el reflejo de sus cualidades básicas. Quizás lo hagan en otra parte.

El destino de cada uno es un misterio.

PADRE PERFECTO

Al hablar de los ***hijos***, hemos reflexionado sobre las carencias que podríamos atribuir a nuestros padres biológicos. Hablando en general, se podría redactar una lista inacabable de insuficiencias, variables según cada caso, con las que los hijos deben lidiar; protestando y acusando, en primera instancia y liberándose de ellas, después, con un trabajo sostenido que les permite llegar a ser adultos libres.

En el curso de esta evolución, nos es dado descubrir una realidad que nos va a proporcionar una ayuda definitiva en el trabajo: ¡nuestro verdadero padre es ***Dios!***

Si querías un padre (madre) perfectos, sin defecto alguno, con un amor absoluto y constante, que velara cada segundo por ti y guiara tus pasos con sabiduría infinita y con un poder total, ¡ya lo tienes!

Aunque no se llame María, ni Álex ni Sheila ni Txema ni Manolo... Después de agradecerles lo que te hayan podido dar, no les pidas, a los padres biológicos o a las figuras parentales, aquello que no pueden darte. No tienes ese derecho, como tampoco lo tendrán tus hijos, respecto a ti, si un día te conviertes en figura parental.

Puede que creas que remontarse a Dios no es más que una proyección antropocéntrica... Pero ¿lo son menos todas las exigencias que diriges a tus padres biológicos?

No pretendo, ahora, sumarme a la inútil esgrima mental de demostrar o negar la existencia de Dios, aun cambiando este nombre por cualquier otro de una cultura distinta. Me remito a lo dicho en la introducción de este libro: no creas nada de lo que digo sin experimentarlo por tu cuenta. ¡Pero experimenta!

Cuando descubras, mediante un atento trabajo interior, que tus mejores cualidades no te las regala nadie conocido, sino que vienen a ti, como uno de los instantes mágicos de tu respiración, que has sido maravillosamente dotado de cualidades de forma gratuita y, aumentando tu asombro, te des cuenta de que lo mismo ocurre con las demás personas y con la naturaleza, se te abrirá el camino que conduce al origen de tu ADN espiritual, al cordón umbilical que certifica la paternidad de quien te ha creado. Miguel Ángel lo representó magistralmente en la Capilla Sixtina.

Es cuando reconocemos a Dios como Padre perfecto, que podemos empezar a vivir confiados como un niño, seguros ante cualquier prueba de la vida.

Las cualidades se nos han regalado, pero el trabajo de reconocerlas no. Nuestro padre fue Dios desde antes del nacimiento y lo será después de la muerte del cuerpo físico. Pero el trabajo de descubrirlo no se nos regala, se le propone a nuestro libre albedrío que lo descubra.

Unos padres razonablemente seguros, a los ojos de un niño de tres o cuatro años, nos fueron dados (en general) como la manera más fácil de iniciar nuestro crecimiento y desarrollo, tanto físico como psicológico.

Pero se trataba del primer curso; terminar los estudios, para lo que vinimos a esta existencia, depende únicamente de nosotros. No hay vuelta a la casilla de salida. No se puede volver a la infancia. Los que lo pretenden, a cualquier edad de su vida adulta, padecen todo tipo de problemas psicológicos.

No se trata de que volvamos a ser niños, sino de que aprendamos a ser *como* niños. Y ello solo es posible a condición de encontrar un padre absolutamente seguro; un padre Perfecto y vivir el gozo de abandonarnos a Él.

La sana despreocupación psicológica que ello conlleva libera, automáticamente, muchas energías —principalmente las que habíamos destinado a «montar guardia»— con lo que se recupera poder y felicidad.

Se trata de sustituir la fe ciega del niño pequeño hacia sus padres, que todo lo «sabían y todo lo podían», por el descubrimiento adulto de nuestro verdadero Creador, que nos otorga el poder, la libertad y la felicidad de forma definitiva. En este momento se comprende que Teresa de Jesús dijera: «¡Solo Dios basta!».

Y descubrimos, a la vez, otra faceta no menos importante de la misma realidad: el mundo está lleno de hermanos nuestros, conducidos a su realización con la misma atención y el mismo amor con los que tú y yo somos conducidos.

Porque ya sabes, ¡no hay hermanos sin un padre común!

PERDÓN

Nuestra mente es una casa inmensa, con una gran cantidad de habitaciones. Algunas de ellas las mantenemos cerradas a cal y canto. En su interior hemos colocado a una serie de personas: padres, hijos, compañeros de trabajo, amigos, profesores..., (vivas o muertas) con quienes tuvimos experiencias dolorosas o negativas de cualquier tipo. Todavía, de vez en cuando, encerramos a alguien más.

Con este modo de actuar creemos que nos las hemos quitado de delante. Y en cierto modo es verdad, ¡pero ha sido para ponérnoslas detrás! Y permanecen en nuestra vida, en cualquier caso. La cárcel en la que las hemos guardado no es un establecimiento público; se trata de habitaciones de nuestra propia casa, de nuestra mente.

No nos damos cuenta de que para tenerlos encerrados y alejados de nuestra parte consciente destinamos a ello, cada día, una parte de nuestra energía, que se añade a los sentimientos negativos originales. Y esa energía retenida no la tenemos disponible para otras cosas.

¡Cuantas más habitaciones cerramos, más nos limitamos y nos encarcelamos nosotros mismos! Indudablemente, se trata de una mala estrategia. ¡Tan mala que, a menudo, aquellos que hemos decidido encarcelar ni siquiera se enteran ello, mientras que nosotros nos convertimos en los auténticos encarcelados!

¿Es necesario perdonar, pues, para abrir puertas y para liberar del todo nuestra energía? ¡Sin duda! Pero este perdón no puede ser una acción voluntarista, porque me lo manda la religión, porque me conviene o porque quiero colgarme la etiqueta de buena persona.

El perdón auténtico y definitivo solo sale de la comprensión total del hecho y del otro. La comprensión conduce a la aceptación y esta al perdón automático. Al mismo tiempo la comprensión elimina el rencor. No hablo, pues, de resignación. Hablo de entender y de unir las razones de uno y otro porque, en cuanto que existen, son verdaderas. ¡Son!

Es frecuente que las aspiraciones o experiencias de una vida más espiritual y liberada no se puedan mantener por causa de las personas que todavía mantenemos encarceladas.

PERSONAJE

He tomado prestado este símbolo del psicólogo Antoni Blay,[1] y su estudio sobre el tema está muy presente en esta reflexión.

Es muy frecuente que en la vida hayamos decidido interpretar un papel, un rol, como si fuera un personaje de teatro, con el que nos hemos identificado.

Todos sabemos que en una obra teatral el personaje y el actor son cosas distintas. Pero en nuestra vida y a nivel psicológico, el problema radica en que no hacemos separación entre uno y otro. El personaje de ficción que interpretamos pasa a convertirse en nuestro yo real y, cada vez que decimos «yo», nos referimos interna o externamente a esta figura. Veamos su origen.

Desde muy corta edad —hay psicólogos que hablan de antes de los cuatro años—, el niño comienza a racionalizar sus actos y las respuestas que se derivan de ellos para construir un patrón que le asegure las caricias y la identidad psicológica. En

1. Antoni Blay Fontcuberta (Barcelona, 1924-1985). Psicólogo humanista y maestro espiritual.

su situación lo necesita tanto o más que la comida. Y todo depende del exterior.

El premio que intenta conseguir, repitiendo las pautas que ha interiorizado como correctas —porque las figuras parentales se lo han sugerido verbalmente o por medio del comportamiento—, le dará seguridad y le empezará a mostrar el papel que debe interpretar: «Si te comportas así, recibirás el premio». Y el niño se ríe, llora, calla o hace ruido, actúa de una forma determinada y recibe la recompensa.

¡Pero llega el momento en que el trato falla! Sea por falta de atención, por trabajo, por problemas o situaciones personales de todo tipo, las figuras parentales o de referencia no responden adecuadamente al «pacto» tácito.

Cuanto más se repite el incumplimiento, mayor se hace el desconcierto del niño, que pierde la garantía que necesita a nivel afectivo y que hace tambalear su idea del papel que debe desempeñar para salvarla.

Esta inseguridad crea, en un niño que depende absolutamente del exterior, una angustia insoportable. Necesita, imperiosamente, encontrar una explicación y acomodar su rol. El pequeño adulto que empieza a desarrollarse en su interior no tardará en encontrar una respuesta, en hacer un juicio de lo que está pasando y en formular un propósito de actuación que, de acuerdo con la realidad, le permita sentirse seguro. Veamos algún ejemplo.

Si yo he actuado como debía y no he recibido la recompensa convenida, son los demás quienes han roto el pacto y soy yo quien tiene razón. Este juicio puede propiciar la creación de una personalidad rebelde.

Si yo he hecho «lo que hacía falta», pero el premio no ha llegado es que, probablemente, no me he esforzado lo suficiente. Esto puede ser el inicio de la creación de un rol adaptado. He hecho lo que se esperaba, pero la recompensa no ha llegado. ¡Entonces no entiendo nada! ¡El mundo no hay quien lo entienda! Y el personaje que puede derivarse será el de una persona que se vive aislada, y se desentiende de compromisos o de los demás, porque no son de fiar.

A pesar de que estos esquemas son muy básicos y frecuentes, en modo alguno son exhaustivos, porque no se encuentran «personajes» puros, sino que adoptan mil formas particulares, aunque, en el fondo, existan raíces comunes. Con otros nombres, la escuela americana de Eric Berne[2] ha elaborado una larga lista de ellas.

Pero volviendo al origen: ¿qué le ocurre al niño después de ese primer juicio, de esa primera interpretación de la realidad?

Se generará la necesidad de que esta lectura de los hechos se confirme día tras día. Cualquier nueva incidencia que la confirme será anotada cuidadosamente. La demanda de seguridad psicológica exige confirmar la primera hipótesis, al precio de descontar las demás. Es sabido que todo el mundo encuentra lo que busca.

Las ocasiones nos las proporcionarán los parientes, los maestros, los amigos, los clientes... y, con esta selección interesada de respuestas externas, iremos engrosando y consolidando nuestro personaje a lo largo de la vida.

Pronto viviremos *desde una idea* de lo que somos, por medio de esta construcción blindada que defenderemos encarnizadamente, porque es la garantía de nuestra seguridad psíquica.

2. Eric Berne (Montreal, 1910 - California, 1970). Médico y psiquiatra. Creador del análisis transaccional.

Hay que tener claro que lo que en la edad adulta es nuestra hipoteca o prisión fue, de muy pequeños, nuestra salvación. Nuestro niño fue muy inteligente. Convencido de que dependía absolutamente del exterior, halló una solución en la medida de sus posibilidades.

Nos corresponde a los adultos darnos cuenta de que nuestra ***felicidad*** y todas las posibilidades de realización personales ya no dependen de los padres ni de la valoración de los demás, ni de nada del exterior.

Con independencia de la edad, nadie es propiamente un adulto si no se da cuenta de este hecho y no se libera del personaje, si no se hace cargo de su vida sin responsabilizar a nadie más.

Pero no olvides lo que les ocurre a los elefantes atados a la estaca.

El falso «yo» con el que hemos vivido toda la vida, que nos ha hecho tomar tantas opciones y descartar otras tantas, que nos ha hecho vivir tantas penas y alegrías, no es fácil de descubrir, y aún menos, de eliminar. Prestando atención a las críticas que más nos molestan, a las opiniones que más nos halagan, a las situaciones que rehuimos sistemáticamente o a las que procuramos que se reproduzcan uno y otro día, obtendremos buenas pistas.

Es lógico que, una vez descubierto este personaje, queramos eliminarlo. Nos damos cuenta de que vivimos en falso y este descubrimiento va en contra de una ***autoestima*** que ya era precaria.

Sería insensato iniciar una lucha con nosotros mismos para eliminarlo. Esto solo conseguiría añadir un nuevo problema y agravar la situación.

Todo el tiempo que hemos vivido con el «personaje», ¿lo hemos perdido? ¿Ha sido totalmente inútil y negativo? ¡De ninguna manera! Seguro que nos ha permitido desarrollar habilidades a muchos niveles y, técnicamente hablando, nos hemos beneficiado de este desarrollo, así como de unas herramientas de las que dispondremos el día que lo dejemos a un lado.

Tiene, pues, una parte positiva; lo malo es que nos ha mantenido alienados de nuestro yo auténtico.

Pero nadie puede desprenderse de él si no tiene claro que dispone de una mejor opción. Y esta opción será el descubrimiento, por medio de la ***experiencia*** atenta, de lo que somos realmente y que no depende del exterior. No hay otro camino.

Nosotros no somos ningún personaje. ¡Somos actores! Somos una realidad magnífica de amor, creatividad, entusiasmo, inteligencia, energía..., que nos permite realizarnos en cualquier dirección, sin más límite que lo que seamos capaces de ambicionar.

Descubrirlo por experiencia, por evidencia, nos hace mirar el rol que hemos representado tantos años como algo ajeno o superpuesto a nosotros. Con un sincero agradecimiento al niño que, inteligentemente, lo creó y desde la autoestima adulta de que ahora somos una realidad completamente nueva, lo soltaremos como lo hacen las serpientes con sus pieles inútiles cada vez que mudan.

Nosotros lo haremos con una sonrisa de comprensión y un gran sentimiento de liberación. Sin lucha.

PROBLEMAS Y ACEPTACIÓN

Los problemas no existen (por sí mismos).

Cuando salgas a la calle no vas a encontrar ni uno. Pero si querías que no lloviera, no encontrarte con tu antigua pareja o que el autobús hubiese esperado unos minutos más, entonces esta lluvia, ese autobús o esa pareja que, en estos momentos, están resolviendo las expectativas de otras personas, están a punto de convertirse en un problema para ti.

¡Es justo el momento en que *vas a crear* un problema!

Los problemas los creamos con la mente cuando contraponemos lo que hay a lo que nos gustaría que hubiese. Cuando no estamos de acuerdo con la realidad y forcejeamos para cambiarla. Por ello, la aceptación de la realidad es fundamental.

Enseguida te aclaro que esta aceptación no tiene nada que ver con la resignación. Nada que ver con adoptar una actitud pasiva o conformista. ¡Al revés! La primera condición para reaccionar correctamente ante cualquier situación es darse cuenta y aceptar los datos de la realidad presente.

No te pido que celebres la llegada de situaciones contrarias a tus deseos o a tus proyectos, pero, si se han presentado, lo más lúcido es contar con ellas para encontrar la salida correcta. Este consejo, que es fácil de aceptar para mil «problemas» cotidianos, como la avería imprevista del coche, un atasco, etc., no acostumbra a ser muy aceptado cuando el problema planteado es grave; cuando concierne a nuestra familia, a nuestro patrimonio, a la pérdida de un ser querido o a una frustración personal que acarreamos desde hace mucho tiempo.

Nos rebelamos contra la situación que, contrariados, hemos calificado como problema.

Como no creo en la ***casualidad*** debo recomendar una atención especial a lo que llamamos problemas. Más aún si se repiten con los mismos temas. Porque el día que nos damos cuenta de esta «provocación», la aceptamos como un reto y la resolvemos, este tipo de problemas van a desaparecer. Porque ya no serán necesarios.

Oí decir a alguien: ¡lo que viene conviene!

¡No te escandalices! Y te pido disculpas si, en este momento, vives una situación complicada. Te ruego, a cambio, que intentes recordar alguna ocasión en tu vida en la que aquello que apareció como «problema», como un problema importante, acabó revelándose como una solución muy satisfactoria para ti, en un ámbito y de una manera que no habías podido prever.

Debemos ver los «problemas» no como una fatalidad, sino como lo que son realmente: la primera parte de la solución, son el anuncio y la primera parte del éxito. Con esta actitud los problemas son aceptados e incluso bienvenidos en todos los ámbitos de la vida: el deporte, el arte, los negocios...

¿Cómo podría un equipo deportivo conseguir el éxito de ganar una final, si no aceptara el «problema» de jugarla?

Cualquier avance, cualquier progreso, se lleva a cabo venciendo una resistencia. ¿O vas a llamarla problema?

¿PSICOLOGÍA versus ESPIRITUALIDAD?

Es muy frecuente que, a pesar de vivir problemas psicológicos de todo tipo, las personas tengamos vivencias espirituales o intuiciones de una realidad Superior. Y esto es inevitable porque nunca dejamos de ser esa dimensión, con independencia de los problemas de orden más cotidiano.

Estos contactos con el nivel Superior son gratificantes, algunos en gran medida, porque nos hacen vivir estados de paz o de claridad mental importantes y porque, en definitiva, nos ponen en contacto con lo mejor de nosotros mismos.

Pero la realidad es tozuda. Y cuando descendemos, de vuelta, a la familia, al trabajo, a los temas de la vida cotidiana, los problemas no resueltos en estos niveles (sentimientos de inferioridad, falta de energía, miedos, falta de reconocimiento, problemas sexuales...) anulan, abruptamente, toda la beatitud de la que disfrutábamos. El intento de volver a refugiarse en el nivel Superior, donde estos problemas no se hacen presentes, solo es una huida; inútil por otra parte, porque mientras el problema está vivo en la mente y en los sentimientos, esto nos impide mantener el contacto con el nivel Superior.

Cada problema debe resolverse a su nivel.

Una vez aclarado que es preciso trabajar para resolver los problemas psicológicos, también quiero añadir que, si la persona solo se vive en este plano «humano» de dos dimensiones, sin incorporar la tercera dimensión que supone el nivel espiritual, se puede encontrar con que este trabajo psicológico nunca se le acabe.

Vivir la dimensión espiritual supone ver las cosas desde otro plano donde, por encima de las turbulencias, se relativizan necesariamente los problemas o, incluso, pueden desaparecer de forma definitiva, por el hecho de trascenderlos.

Y ahora viene la pregunta: ¿por dónde empezar, pues, por el trabajo psicológico o por el trabajo espiritual? Lo mejor es trabajar en ambas direcciones al mismo tiempo. ¡Entonces el método no puede fallar! La limpieza psicológica nos libera para poder conectarnos con lo Superior y la conexión con lo Superior nos hace entender mejor y nos ayuda a resolver los problemas psicológicos.

Conseguir un trabajo equilibrado tal vez sea lento, pero, en cualquier caso, es el camino más seguro.

REALIDAD

Estamos acostumbrados a definir como real lo que llamamos «objetivo» y a pensar que lo que llamamos «subjetivo» no es más que una interpretación personal de muy poco valor.

Mi experiencia me lleva a una valoración muy diferente: todo lo que llamamos real es subjetivo. Desde Calderón de la Barca,[1] «nada es verdad ni es mentira, todo es según el color del cristal con que se mira» hasta David Hume,[2] «la belleza no radica en el objeto sino en la mente de quien lo observa», hay una larga lista de testimonios eruditos, así como de refranes populares, que lo acreditan.

De la misma manera que el grado de ***libertad*** es el que nos permite la experiencia personal de cada uno, lo mismo ocurre con la realidad. De hecho, es real todo aquello —y solo aquello— en lo que ponemos nuestra atención. Y esto siempre lo hacemos de acuerdo con las experiencias vividas y como consecuencia del personaje que hemos decidido representar en esta vida.

1. Calderón de la Barca (Madrid, 1600-1681). Escritor y sacerdote.
2. David Hume (Edimburgo, 1711-1776). Filósofo.

Seguramente, alguna vez has ido de vacaciones al extranjero con amigos. Cuando habéis comentado el viaje o compartido las fotografías, te has dado cuenta de que cada uno ha hecho un relato diferente. Muchos no se fijaron en cosas que para ti eran muy interesantes y viceversa.

Tus compañeros de escuela o tus propios hermanos definen a los profesores o a los padres de forma muy diferente. ¿Cuál es el verdadero retrato? En la vida, todos encontramos lo que buscamos y así construimos «nuestra» realidad, la que acaba siendo la única para cada uno de nosotros. ¿Cuál es la verdadera? ¡Todas! Todas las versiones que se han dado hasta la fecha y las que se pueden dar en un futuro.

Algunos tienen tendencia a encontrar insolidarias estas definiciones individuales de la realidad.

Pero no hablo de individualismo, sino de individualidad, y afirmo que es una maravilla que la realidad sea siempre fragmentada, al estar formada por una suma interminable de aportaciones individuales. Artistas y científicos nos dan abundantes testimonios de ello.

Una consecuencia maravillosa es que, desde este punto de vista, la diversidad no es solo muy enriquecedora, sino también necesaria y esta constatación llena de valor auténtico la vida de cada individuo, y es la base personal y social de la ***autoestima***.

RESPIRACIÓN

Si nunca lo has hecho, te propongo el ejercicio siguiente. Solo durará unos minutos. Colócate en un sitio tranquilo, libre de interferencias, incluidas las del móvil.

Relájate, cierra los ojos y espera a que la respiración te llegue. No hagas absolutamente nada más.

El aire te entrará por la nariz, pero a la altura de las lumbares notarás una sutil presión. Es la vida que te respira. ¡Sin que tú intervengas, te respiran!

Pon mucha atención a este hecho: ¡la vida es gratuita! Cada pocos segundos, te envía esa presión, esa bocanada de energía.

Mantente muy consciente y presente en esta respiración de la Vida, porque es algo plenamente satisfactorio a nivel físico y energético. Deja que este bienestar te llegue a la altura del pecho y, posteriormente, date cuenta de ello desde la mente. Todo tú te sentirás acunado por la Vida, alimentado segundo a segundo, sin que dependa de ti. ¡Gratuitamente!

Si bien la experiencia ya es suficientemente placentera a nivel físico, todavía debe revelarte lo que, desde mi punto de vista, es más importante.

¿Quién está interesado en que vivas? ¿Cómo es que lo único imprescindible para que sigas vivo se te regala sin que lo hayas pedido?

El ejercicio es sumamente sencillo; consiste en no hacer nada, salvo permanecer muy atento, pero la enseñanza obtenida es muy importante.

RESPONSABILIDAD

Responsabilidad tiene que ver con hacerse cargo, seriamente, de algún objeto, trabajo o persona. En todos los casos, también cuando se refiere a personas, tiene sus límites.

Ahora voy a centrarme en las figuras parentales.

Ella se levantó de la mesa y no advirtió que su hijo de cuatro años recogía en el suelo unas canicas; lo pisó y le rompió el dedo gordo del pie derecho. A los ocho años, el muchacho no tuvo, debido a la lesión, la agilidad suficiente para sortear un obstáculo en la calzada y se cayó delante de una motocicleta, que le rompió una pierna. Su cojera se consolidó de por vida. A los diecisiete años su problema le produjo un traspiés en la escalera de su casa, con rotura de clavícula. Su subconsciente asumió un peligro latente a los traumatismos, lo que se tradujo en retraimiento social y en un complejo de inferioridad.

Ya adulto, descargó sobre su progenitora la amargura acumulada, acusándola de sus desgracias físicas y psicológicas y de haberle arruinado la vida.

Esta historia no es real. Pero muy bien podría serlo. ¿Te parece una exageración? Las consultas de los psicólogos están llenas de personas que colgaron el «mochuelo» de sus desgracias a sus progenitores, a cambio de recibir el triste premio de un certificado de impotencia. De por vida. Puede que conozcas alguna situación parecida.

En nuestro ejemplo, la progenitora solo sería «culpable» de haberle roto el dedo del pie. De lo contrario, siguiendo la línea de culpabilidad transferida, ya sería responsable de sus desgracias mucho antes, ¡solo por el hecho de haberlo engendrado! Como lo serían, primero, los abuelos, por haber engendrado a los padres y, antes, los bisabuelos..., y así, sucesivamente, en una cadena interminable.

¿Hasta dónde haría falta llegar para exigir responsabilidades?

Basado en la queja, este modelo nos priva de libertad, aunque nos permita crear una larga cadena de culpables que cultivan nuestra amargura, en lugar de proporcionar felicidad y que, por descontado, no resuelve para nada los problemas actuales.

Porque, ciertamente, los problemas solo se solucionan con la aceptación de la realidad y con la decisión perseverante de asumir la propia vida. Esta opción, cuando es perfectamente consciente, es la que otorga poder, libertad y resultados gratificantes.

Sería muy positivo reconocer a las figuras parentales una responsabilidad limitada, como queda claro en el nombre de algunas sociedades mercantiles, en lugar de exigir que sean un seguro a todo riesgo y sin franquicia. Y, hablando en términos comerciales, debo añadir que las «deudas» de nuestra niñez, nunca las vamos a «cobrar». La espera es inútil.

Hay que comprender, perdonar si fuese el caso, y construir sobre los cimientos propios. ¡Se puede! ¡Y se debe! Porque no hay otro camino.

SOLEDAD

He aquí una palabra que asusta.

Estar solo se asocia a no tener compañía, por lo general afectiva, a no recibir ayuda, a no ser valorado en el círculo familiar o profesional, a ser abandonado o estar en peligro de serlo, a no sentirse comprendido.

En una primera impresión, que es la más frecuente, este sentimiento de soledad recibe solo una valoración negativa y todos queremos huir de ella. Una observación más seria y profunda nos debería llevar a preguntarnos de dónde viene este sentimiento. Qué hay en nuestra actitud que genera esta respuesta insolidaria o indiferente de los demás respecto a nosotros.

Todo esto se mueve en el ámbito psicológico, y un buen profesional puede aportar luz y ayuda para resolver un problema que, en todo caso, se inicia dentro de nosotros, tanto si somos conscientes de ello como si no.

Sin embargo, hay otra soledad muy diferente. La que es resultado de descubrir una realidad nuestra muy profunda; nuestra autenticidad real.

Descubrir lo que nos hace maravillosamente únicos implica descubrir que, a la vez, estamos solos. Así es como nacimos y así es como abandonaremos esta existencia.

Esa soledad es un hecho. Se vive independiente de formas, de compañías y de demandas psicológicas, pero a la vez, es infinitamente rica al constatar el fabuloso bagaje de potencialidades con el que hemos sido creados.

Nada que ver con sentirse menospreciado o abandonado.

Esta soledad es limpia, virgen y abierta a toda forma de creatividad. Es gozosa. Es la página en blanco a partir de la cual todo es posible. Lejos de vivirse como negativa, se convierte en un acto de agradecimiento.

TENER

Permíteme decirlo de entrada: ¡no tenemos nada!

Por no tener, no tenemos ni el propio cuerpo, que no hemos creado ni podremos conservar y que, mientras tanto, vive de un aire que tampoco es nuestro. Dinero y joyas los guardamos en la caja fuerte o en el banco, más que tenerlos, y podemos perderlos en cualquier momento. En todo caso lo haremos por completo al morir, lo mismo que cualquier otra pertenencia material.

No son nuestras ni las ideas que tenemos; las vamos adoptando, haciéndolas nuestras o abandonándolas a lo largo de la vida. El bombero, el periodista o el bailarín que querías ser de niño, ¿lo eres hoy? Las ideas políticas que defendías hace veinte años, ¿las defiendes todavía ahora?

¿Los proyectos que hemos construido con tanto amor y con tanta energía son realmente nuestros? ¿No los hemos construido, acaso, aprovechando ideas, información, experiencias de otras personas y de todas partes? ¿Estás dispuesto a reconocer que, sin estos precedentes, sin estos materiales, no habrías podido edificar tus proyectos desde la nada? ¿De dónde viene, pues, esta necesidad imperiosa de «tener», de hacer propios los bienes o las ideas, de no concebir sino como «propio» nuestro cuerpo? ¿De dónde se origina esta compulsión constante?

Psicológicamente necesitamos seguridad. Principalmente a nivel de identidad y a nivel afectivo.

En el primer caso, la identificación con unas ideas nos da una definición de nosotros mismos y la seguridad de saber quiénes somos.

Desde muy pequeños las hemos hecho nuestras provenientes, a menudo, de los padres, de los maestros, y nos hemos cuidado mucho de irlas corroborando a lo largo de nuestra vida, a base de tener en cuenta todas aquellas situaciones o personas que las reforzaban e ignorando a todas aquellas que iban en contra. El resultado ha sido la construcción de una identidad blindada que nos da seguridad, a cambio de aceptar las limitaciones de esta coraza.

Ceder, cambiar —lo que significa prescindir de estas «certezas»—, ya sea a nivel científico, político, profesional, religioso o familiar, equivale a poner en riesgo nuestra protección. Es lo que no puede soportar quien ha adoptado el personaje de rebelde cuando le llega el momento de ser afirmativo, o quien ha adoptado el rol de adaptado cuando se ve obligado a decir que no.

En ambos casos, su identidad se tambalea y, con ella, su seguridad psicológica.

Si en el origen existe una carencia afectiva, son principalmente los bienes materiales los que proporcionan esta seguridad necesaria.

Un niño se acuesta tranquilo cuando está acompañado de su peluche preferido. El adulto cambiará el peluche por un nuevo modelo de coche, por una casa con piscina más grande, una colección de arte, un yate... ¡O todas estas cosas a la vez! «Vales tanto como tienes», podría ser la consigna tras esa compulsión por acumular.

Debo decir que no critico la posesión de bienes materiales, aunque sean muy importantes. Pero hago una precisión: la posesión de bienes materiales —salvadas, bien entendido, las necesidades básicas— nada tiene que ver con la felicidad auténtica.

La vida me ha llevado a situaciones que me permiten afirmarlo por experiencia propia.

TIEMPO PARA TI

Es bastante corriente oír decir a muchas personas que no disponen de tiempo suficiente para sí mismas.

No me refiero al hecho de que, para la mayoría de ellas, el trabajo, las obligaciones de todo tipo, no les dejan ni el mínimo tiempo libre para un ocio totalmente lícito y necesario.

Quiero referirme a las personas que, en el curso de su trabajo interior, echan de menos las pausas tranquilas que deben ayudarlas a encontrarse a sí mismas, y a realizar ejercicios o técnicas que han de permitir incrementar su autoconocimiento.

Es normal que, al principio, se necesite espacio y un tiempo especial y determinado para realizar ejercicios, lecturas, meditaciones, a las que uno no estaba habituado.

Pero hay que saber que llega un momento en que el problema es insoluble, porque parte de separar «el tiempo para ti» del «tiempo para los demás» o para otras ocupaciones. Con estas premisas —una dicotomía que implica elegir— siempre habrá un tiempo perdido o, al menos, menos valioso que el que se dedica a «uno mismo». Esta situación planteará unas rigideces y, en cierto modo, una lucha. Y el problema, planteado de esta forma, no tiene solución.

Cuando se aprende a conducir, todos los movimientos son rígidos, pero a medida que se van asimilando son tan automáticos que, afortunadamente, nos permiten hacerlo sin esfuerzo y los movimientos se hacen sin pensar.

Hay un momento en el que se pide un paso más, una atención más profunda. Cuando la persona actúa desde la atención central, haga lo que haga, se vive toda ella desde el fondo. El gozo de darse cuenta de que cualquier ocupación es la expresión completa del propio Ser, en el nivel que sea, es tan completo que no se ambiciona nada más. La única forma de tener suficiente tiempo «especial para ti» es que todo el tiempo sea «para ti». Que todo tu tiempo sea «especial».

Y esto no se consigue marcando horarios ni compartimentando el tiempo, sino viviendo y actuando, cada vez más, desde el fondo más auténtico de cada uno, con toda la atención presente.

Entonces ¡problema resuelto!

TRABAJO

Me refiero al trabajo interior. Al viaje que emprendemos hacia el descubrimiento de nuestro yo auténtico, el más apasionante y gratificante de todos los viajes posibles.

Para iniciarlo es necesario sentir, íntimamente, su necesidad. Este requisito es básico. Hay personas que en el momento presente no viven esa necesidad, esa demanda de autoconocimiento o de realización. Esto no está ni bien ni mal; simplemente es así. Todo el mundo encuentra, algún día, su momento.

Las plantas no crecen más rápido por tirar de ellas. Tampoco nacerán las flores por el solo hecho de haber arrancado las malas hierbas. Es necesario, de forma imprescindible, que exista la semilla.

Para otras personas, en cambio, la insatisfacción que viven en el presente las empuja a buscar una salida una y otra vez. El camino quizás no lo ven claro, de momento, pero el malestar las impulsa y las ayuda a encontrarlo.

Me permito aconsejar cuatro requisitos a estos caminantes: atención, sinceridad, perseverancia y buen humor.

La ***atención*** a que me refiero es un mirar y mirar, una y otra vez, incansablemente, el tema que nos interesa y mirarnos a nosotros mismos y los sentimientos que se nos despiertan, todo al mismo tiempo. Hay que evitar los razonamientos; debemos mirarnos como si se tratara de una máquina o de otra persona.

Sin atención no hay trabajo posible. Al contrario, cuanto más constante y penetrante sea esta atención, mayor rapidez garantizada por el trabajo que nos proponemos.

La sinceridad es imprescindible, porque el objetivo es la verdad. Es fundamental no hacerse trampas al solitario con el objetivo, a menudo inconsciente, de poner parches o de retrasar un descubrimiento que tal vez nos asusta. Hay que ser valientes y saber que solo la verdad conduce a la paz.

Es frecuente que la persona viva dos voluntades contradictorias. Por un lado, una demanda de realizarse y por otro el miedo a abandonar la seguridad de su *estatu quo* psicológico.

Me contaron una anécdota vivida en el ashram de Krishnamurti.[1] Después de interminables preguntas de los discípulos asistentes sobre cómo realizarse, él les formuló la siguiente propuesta: «Tengo la capacidad de inducir la realización en cualquiera de vosotros, de forma instantánea. Puedo hacerlo si alguien me lo pide». ¡Y comentaban que nadie dio el paso adelante!

¡Hay que perseverar!

Es normal que no sea sencillo descubrir lo que muchos años de nuestra vida hemos tapado cuidadosamente o quizás hemos blindado. Perseverar significa seguir adelante a pesar de los periodos de desconcierto o de olvido. A los deportistas también les ocurre.

¡Y buen ***humor***! Trabajamos para nosotros mismos y para nuestra felicidad. Nadie nos obliga y a nadie debemos rendir

1. Jiddu Krihnamurti (Madanapalle, India, 1895 - California, 1986). Escritor y maestro espiritual.

cuentas. ¡Todo el mundo tiene suficiente trabajo! Fijarse metas imposibles para ir más rápido no es realista, y nos aboca a fracasos y desalientos. Al revés, proponerse pequeños pasos y disfrutar de sus logros es muy estimulante. A cada escalón que subimos, mejora nuestra perspectiva y nuestra ***autoestima***. Y con esta mochila los siguientes peldaños son más fáciles.

El resultado del trabajo bien realizado no puede ser mejor. ¡Porque solo puede acabar bien! Todos tenemos el éxito asegurado, porque descubrir la perfección de nuestro yo auténtico, libre de falsos personajes y de ideas de limitación, es extraordinario. Se descubren unas posibilidades insospechadas. El viaje, pues, acaba siempre con el premio.

Y, aunque de momento, esto sea para ti solo una hipótesis de trabajo, los sucesivos pequeños logros del camino ya se encargarán de confirmártelo.

VOCACIÓN

Podemos desempeñar diversas profesiones, pero vocación solo tenemos una.

Todos poseemos suficientes habilidades para ejercer más de una profesión que nos permita conseguir los medios materiales necesarios para vivir.

Son mayoría las personas que dedican a la profesión la mayor parte de sus horas de vigilia. Deben, asimismo, luchar por defender el puesto de trabajo del que depende la subsistencia de la familia. Y es frecuente que esperen el fin de semana o las vacaciones para librarse de la rutina, que miren el reloj, pendientes de que llegue el fin de la jornada o que esperen, ansiosos, la jubilación.

Para quien tiene la suerte de vivir su vocación, la labor que desempeña se confunde con la vida. No hay separación entre una y otra. Piensa en la profesión fuera del horario de trabajo, durante los fines de semana, durante las vacaciones... y no quisiera jubilarse nunca.

¿Puedes recordar a músicos, investigadores, escritores o pintores que dan lo mejor de sí mismos a edades muy avanzadas? A la profesión se le dedica tiempo, a la vocación se le dedica la vida.

La armonía del Universo descansa en que cada uno ocupe su sitio y haga lo que le toca. Hay una tarea —y una forma concreta de hacerla— para cada persona. Cuando nos colocamos en esta posición, la competitividad no existe, porque no está previsto que haya nadie que haga el rol que nos ha sido asignado, o que lo haga de la misma forma. Y es por esa razón que el éxito está asegurado.

Por el contrario, cuando intentamos, por la razón que sea, ocupar un lugar que no nos corresponde, todo el Universo lo rechaza en forma de obstáculos y problemas, y nos toca competir con los que ocupan su puesto correcto o que están más cerca de hacerlo. Ni que decir tiene que esto augura fracasos. Si un manzano intentara producir higos, se retorcería inútilmente, con el resultado que es de prever.

La vocación expresada en forma de profesión es la forma con la que prestamos un servicio a la colectividad. Es nuestra forma de participar en el equilibrio y la armonía del Universo.

La intuición que tienen muchas personas de la necesidad de que su vida aporte este servicio a los demás es una buena pista para descubrir la vocación.

Hay otras: ¿qué es lo que sueñas repetidamente? ¿Qué es lo que harías si volvieses a nacer? ¿Qué persona admiras más y por qué cualidad, una y otra vez? ¿Cuál es tu héroe de novela y por qué? ¿Qué anhelo se presenta una y otra vez en tu vida, desde hace años? ¿Qué es lo que harías si no fuera por los padres, por la pareja, por la situación familiar, por la necesidad de ganar dinero?

Curiosamente, la vocación debidamente realizada conduce al éxito y aporta los recursos materiales que necesitas. Es la forma que tiene el Universo de recompensar lo que cada uno hace por los demás, de cuidar de tu bienestar, en beneficio de todos.

VOCACIÓN ESPIRITUAL

A nivel espiritual, solo hay una vocación que es la misma para todos: vivir, conscientemente, que somos una expresión de Dios.

Desearía no añadir ni una palabra a esta afirmación, a fin de no quitarle rotundidad, pero, para evitar cualquier malentendido, me parece necesario hacer dos precisiones:

- ¡No te incomodes con la palabra ***Dios***! Ya hablé de ello en la reflexión del mismo nombre. Simplemente, date cuenta de que somos expresión, formamos parte de lo más grande que puedas intuir.
- No te quedes con la palabra, ¡atrapa el concepto!

La vocación espiritual es interna, individual. No va dirigida a nadie ni depende de nadie. Se vive por dentro.

Pero si eres de las personas que creen que hay que ser solidarios, que hay que prestar un servicio a los demás, ¡no te preocupes! Porque, al vivir esta realidad, lo prestarás de forma inevitable.